中华美好山川

恒　山

宋维红 ⊙ 编著

吉林出版集团股份有限公司

前　言

　　智者乐水，仁者乐山，中国山水雄奇伟丽，千姿百态，独具特色，与数千年文明相融合，积淀孕育了辉煌灿烂的山水文化。山山水水引发了无数的文化现象，成为中国文化的重要组成部分，也成为全人类的重要自然文化遗产。

　　山水文化的形成经历了漫长的历史过程，随着时代的进步，也在不断注入新的文明。山水首先是一种审美的文化，是最具美学价值的自然景观，给人以精神的愉悦和陶冶。《庄子》中说："天地有大美而不言，……原天地之美而达万物之理。"这正是人与自然之间的亲善而又和谐的关系的体现。人与山水之间审美关系的建立和发展，本质上是人类文明发展的表征，而我们对山水的自觉审美追求始于魏晋，当时人们崇尚自然，走向山林江湖，这种"体道"的直接结果是促进了山水文学和山水画的蓬勃发展，正如王国维所说："古今之大文学，无不以自然胜。"

　　中国人崇尚自然，喜欢山水，人们以大自然的山水为对象，创造了丰富多彩的山水文化。元人汤垕有云："山水之为物，禀造化之秀，阴阳晦冥，晴雨寒暑，朝昏昼夜，随形改步，无穷之趣。"正是对山水的无限热爱，中华民族才有了这极其可贵的文化贡献。左思说："非必丝与竹，山水有清音。"这种对山水清音的审美感受向来不只左思有，多数人亦有。中华大地，无山不美，无水不秀，"取欢仁智乐，寄畅山水阴"，庄子云："山林与！皋壤与！使我欣欣然而乐与！"这是中国人的山水观，更是一种山水情怀。

　　中国人喜爱山水，也与原始宗教文化有莫大关系。《韩诗外传》有云："山者，万物之所瞻仰也，草木生焉，万物殖焉，飞鸟集焉，走兽休焉，吐万物而不私焉。"《抱朴子·登涉》更直接说："山无大小，皆有神灵。山大则神大，山小则神小也。"古代"天子祭天地，祭四方，祭山川，祭五祀，岁遍；诸侯方祀，祭山川，祭五祀，岁遍；大夫祭五祀，岁遍；土祭其先"。对山川之神的祭祀膜拜，直接促使人们崇拜与敬畏山川，再加上我们是一个以农耕为主的民族，这使我们对山川更加依赖，与山川的关系更加紧密，这也成为我们文化的发端。

中国的文化特别是山水文化受道教哲学思想的影响较深。中国人制定礼仪规则，但又崇尚自然，老子的"人法地，地法天，天法道，道法自然"的哲学思想深受人们认同，山水文学和山水画最能直接体现这一哲学思想的影响之大。管子认为水是万物之本源，老子则说，上善若水，水善利万物而不争，处众人之所需，故几于道。这自然而然地注定中国山水文化发轫于斯。

佛教对山水文化的影响也不可小觑，天下名山僧占多，佛教对自然山水的开发和建设起了不可忽视的作用。众多的佛教名山荟萃了历代文物的精华，建筑、雕塑、书法、绘画等多有杰作存世。中国山水文化保留了历史的足迹，自古就有"读万卷书，行万里路"之说，把游历与读书相提并论，中国文化渊薮可见一斑。

中国天人合一的主体思想，以人为本，重视人与自然山水的和谐与协调。保护自然，与自然和谐共进是我们所追求的理想目标。人们涌向山川胜地体验自然是件好事，但不可使自然环境的承载能力超出其自身的净化能力，否则，许多名山大川的自然环境和人文环境就要遭受破坏，这些是人们所不愿看到的。为更好地弘扬祖国的山川文化，重视和保护祖国的美好山川，我们选择三山五岳、道教四大名山、佛教四大名山，以及黄河、长江两条母亲河共十八个山川文化遗存呈献给读者，以表达我们对祖国山川的无限敬爱。与此同时，我们也更祈盼它们能得到应有的关心和保护。

编者
2013年1月7日

目 录

恒山的由来

　　关于恒山名字的由来，说法不一。一种说法是恒山的山势为横向，"横"、"恒"谐音，故名恒山。另一种说法是因为发源于恒山北端的浑河在古代称为恒水，因恒水而得名恒山。恒山有很多别称：北岳、太行恒山、元岳、紫岳、大茂山、神尖山、常山等。尽管别称很多，但基本名称为"恒山"与"常山"这两个，而"恒"、"常"都有长久之意。

　　恒山的山势险峻，号称有108峰，主峰名为天峰岭，海拔2016.1米，为五岳的第二高度，被称为"人天北柱"、"绝塞名山"、"天下第二山"。恒山以道教闻名，相传，我国神话中的古代道教八洞神仙之一的张果老，就是在恒山隐居潜修的，在恒山留下了大量有关张果老的仙踪遗迹和神话传说。恒山名景中有果老岭，在果老岭一块光滑的陡石坡上，有几个非常明显的酷似驴的蹄印，传说是张果老骑毛驴由此登天时留下的。相传恒山是道教三十六小洞天中的第五洞天，茅山道的祖师大茅真君茅盈曾经于汉朝在恒山隐居修炼。

山西浑河

　　山西浑河是桑干河的一条支流，在山西省的北部，发源于恒山北端。浑河的上游流经黄土区，所以河水含沙量较高，因此得名浑河。

北岳恒山

辽宁浑河

　　在我国的辽宁省，有一条著名的河流也叫浑河，它位于辽宁省的东部，是辽河的支流，在古代称为辽水，也叫小辽河。

汉代

　　汉代分为西汉与东汉两个历史时期，西汉是刘邦建立的，都城在长安（今西安）；东汉是刘秀建立的，都城在洛阳。

恒山的由来

地形地貌

恒山位于山西省北部的浑源县境内，东连太行山，西跨雁门关，横跨山西、河北两省，绵延150公里，莽莽苍苍，巍峨耸峙，气势雄伟，横亘塞上。1982年，恒山以山西恒山风景名胜区的名义，被国务院批准列入第一批国家级风景名胜区名单。整个景区总面积147.51平方公里，外围影响区359.62平方公里，分为15个分区。

恒山是经过多次造山运动和地壳升降运动而形成的一座断层山，岩层为距今已有5亿年的古老的寒武纪奥陶系石灰岩。基岩面积裸露，风化破碎严重，峰峦均呈尖形，沟谷切割较深，相对高

秀美山色

差达1000米以上，造就了恒山险峻的自然山势。唐代诗人贾岛的诗"岩峦叠万重，鬼恒浩难测"点出了恒山的地貌特征。

恒山十八景

恒山十八景包括磁峡烟雨、云阁虹桥、岳顶松风、云路春晓、虎口悬松、果老仙迹、幽窟飞石、夕阳返照、断崖啼鸟、白云灵穴、龙泉甘苦、茅窟烟火、金鸡报晓、玉羊游云、紫峪云花、脂图文锦、仙府醉月、棋台琴韵。

舜帝

舜帝是中国古代的一位帝王，传说他目有双瞳，所以名"重华"，山东省诸城人。舜接受尧的"禅让"而称帝于天下，国号为"有虞"，所以号为"有虞氏帝舜"，后世以"舜"简称。

贾岛

贾岛是唐代著名的诗人，人称"诗囚"，又被称为"诗奴"，他不喜欢与常人往来，作诗喜欢苦吟，在字句上很下工夫。贾岛与唐朝另一诗人孟郊的诗风被人合称为"郊寒岛瘦"。

生态环境

恒山的所在地浑源县属于温带半干旱大陆性气候，四季分明。春季干旱多风，夏季雨水集中，秋季短暂多晴、早晚温差大，冬季寒冷干燥。年平均温度为6.1℃，1月份最冷，平均气温为－12.7℃；7月份最热，平均气温是21.6℃。4～10月平均气温在7℃以上，是游览度假的最佳季节。远古时代的北岳恒山气候温和，雨水充沛，方圆百里都是森林，生长着松、柏、杉、桦、杨、柳、榆、桃、杏、果、李等上百种树种，其中恒山特有的豹榆，因为质地坚韧而名扬四方。现在，恒山的林海虽然失去了往日的风貌，但山的北坡还生长着许许多多的松树，形成了一片郁郁葱葱的绿色。

恒山山高风大，气候变化剧烈，所以建筑多依悬崖峭壁而建，或开凿石岩而成，形成了恒山独有的奇险特色。位于北岳恒山脚下、浑源县城南5公里处的金龙峡内西岩峭壁上的悬空寺离地百余尺，附于绝壁上，是恒山的第一奇观。

气候

气候是指一般情况下具有的天气状况或长期存在的主要天气状况，时间尺度为月、季、年、数年到数百年以上。气候以冷、暖、干、湿这些特征来衡量。

恒山风光

恒山的资源

恒山蕴藏有丰富的煤、花岗石等资源，尤其富含"山西黑"花岗石这类高档石材，石材开采企业把它开采加工后，将产品销往日本、韩国等地，用来制作墓碑。

恒山的"破相"

由于长期掠夺性地开采矿石，恒山山体出现了较大面积的生态环境破坏现象，四周的群山有多处被大面积"开膛破肚"，形成了令人触目惊心的"白色疮疤"。

生态环境

13

恒 山 松

恒山松

　　在恒山的主峰上，生长着许许多多的古松树。这些松树风格别致，形状奇特，有的像翠伞，庇荫在鸟道；有的像凉亭，巧立在山边；有的像飞龙，出没云海；有的像斜桥，横跨幽壑。来到恒山的人常常会有这样的疑问：在这险崖危壁的石山上，怎么会生长着这么多的千年古松呢？当地流传着这样一个故事，传说由于恒山地下埋藏着煤炭，水分不足，山上的树木不多，恒山上的一个老道经常为此叹息，为了装点恒山大殿的环境，老道与徒弟每年都会在周围种植松树，但是种下的松树都很难成活。有一天，小道童上山去砍柴，发现一个山洼里有很多山柴，于是他砍了背回道观。第二天他砍柴时又经过那个山洼，发现里面的山柴跟他没砍过一样，第三天，第四天……他每天来砍，每天都和没砍过一样。老道和徒弟觉得很奇怪，就去山洼长柴的地方刨，后来刨出一个盆子，老道把盆子埋在了一棵松树下，就带着徒弟出去云游了。三年后，老道云游归来，发现恒山上长满了松树。原来他挖到的是聚宝盆，恒山的松树就是这样多起来的。

松树的抗旱性

松树的叶狭窄，角质层发达，表面积与容积之比小，气孔下陷，厚壁组织充分发育，更能忍耐缺水。松树多半都能生长在多石的土层浅薄的干旱环境中。

煤炭

煤炭是古代植物埋藏在地下经历了复杂的化学变化逐渐形成的一种固体可燃性矿物，被人们誉为黑色的金子、工业的食粮，它是18世纪以来人类世界使用的主要能源之一。

聚宝盆

聚宝盆是中国民间故事中的一个宝物，把什么东西放入聚宝盆，它就会长出什么，而且取之不竭。传说明朝的江南首富沈万三致富的原因就是由于他有一个聚宝盆。

恒山松

虎 风 口

恒

　　虎风口是恒山十八景之一，位于恒山大字湾的上方。从大字岭沿着古人精心开凿的石阶云径北上，步行不到半公里，正当你走得汗流浃背、口干舌燥的时候，蓦地一阵清凉的山风迎面扑来，沁人肺腑，耳边响起一阵高过一阵的松涛声，就好像虎啸龙吟，路旁岩石上刻着"虎风口"三个字，这就是虎风口了。虎风口原来有一座木牌坊，旁边立着"介石"碑，现在已经不存在了。虎风口这里是一个峰回路转的路口，右边是高入云天的陡壁，左边为不见沟底的深壑，回旋曲折，终日大风不息，即使是在酷暑盛夏，也是凉风飕飕。特别是大风顺势旋回，声如虎啸，令人不寒而栗，因此得名"虎风口"。明朝诗人赵之韩来游恒山，见到虎风口疾风吹入松林以后，发出阵阵啸声，怀疑是山下在打惊雷，于是作了一首题为

人文景观

《虎风口》的诗：

　　　　　　雄风飒飒阵云横，吹入平林作啸声。

　　　　　　知是山君灵显赫，错教山下问雷惊。

　　诗人张开东也曾写过一首《虎风口》：

　　谁来闻虎啸，到此却惊风。涧唳千年鹤，岩悬百丈虹。

　　孤松无地立，绝壑与天通。不用肩舆力，凭空指上宫。

牌坊

　　牌坊是古代社会为表彰功勋、忠孝节义等所立的建筑物，也有一些宫观寺庙以牌坊作为山门的，牌坊也是祠堂的附属建筑物，昭示家族先人的美德和功绩，兼有祭祖的功能。

赵之韩

　　赵之韩，明朝氾水（今河南省）人，万历年间曾经担任过浑源县知州，在任职期间写过很多与恒山有关的诗作，除了这首《虎风口》外，还有《望仙亭》、《集仙洞》等。

张开东

　　张开东，清代的书画家、旅游家、文学家、诗人。他一生喜欢打抱不平，是一位乾隆年间的传奇式人物，当时民间有很多关于他的传奇故事。

九 天 宫

　　九天宫又叫碧霞宫，位于恒宗峰西北侧的高处。它北倚凌云阁、斗姆阁，南踏山神庙、疮神祠，东有纯阳宫、太乙庙，形成了一组以九天宫为中心的祠庙建筑群。宫西有翠雪亭遗址，曾是历代名人流连之处，有一首诗是专咏翠雪亭的："红尘飞不到闲亭，松当栏干雪当屏。怪道登临清透骨，几年醉梦一时醒。"

　　九天宫宫院呈正方形，正南开门。正面大殿内塑有九天玄女圣母的神像，殿的两旁有耳殿，东西两个厢房有配殿和钟鼓楼，结构严谨，布局对称。宫院四周花草繁茂，松柏森森。在宫北的高崖上，有古松4棵，像宫宇顶上的四顶华盖。九天宫曾经是人们求嗣问子的香火盛处。九天宫是恒山诸庙中仅次于北岳主庙恒宗殿的重要祠庙，其建筑年代已经无从查考，但从史书的记载来看，明代以前就有了此庙。明万历二十四年（1596年），神宗皇帝赐给北岳庙道经512种，共1479卷，并派遣御马监白忠专程从北京护送到恒山。明神宗敕谕恒山北岳住持道士的亲笔圣旨也存放在九天宫内。

九天玄女圣母

　　九天玄女圣母俗称九天娘娘、九天玄女娘娘，是中国古代神话中的女神，西王圣母的弟子，也是东方的美神，后来被道教奉为女仙。

雪后恒山

北京九天宫

　　北京九天宫位于北京朝阳门外，东岳庙的东面，建于明朝。庙内供有雷公电母之像。正殿有悬山两层，神像奇异，四臂四目者称为天将，塑工精绝。

陕西华山九天宫

　　陕西华山九天宫又叫做东道院，在陕西省华阴市华山青柯坪东，清康熙五十三年（1714年）所建，四周群峰环抱，景色如画。四合院式，规模不大，小巧玲珑，正殿三间，供奉有九天玄女塑像。

金 龙 峡

　　金龙峡在恒山脚下，位于天峰岭和翠屏峰之间，又叫做"磁峡"，"磁峡烟雨"是恒山十八景之一。金龙峡峡谷幽深，峭壁侧立，石夹青天，最窄的地方还不到三丈（1丈约为3.3米），古人有句诗这样形容："高排石壁悬双阙，独耸危峰节九霄。"

　　金龙峡是古往今来的绝塞天险，交通要冲。北魏的时候，道武帝曾经发动数万名士兵，在这里劈山凿道，作为进退中原的门户。宋代时，杨业父子在这里以险据守，抵抗外族的侵入。至今当地还流传着穆桂英大战洪州的故事。

　　金龙峡中的流水在古代称为恒水，当地人又称它为唐峪河或柳河，是浑河的源头之一。每年的雨季，恒山中大大小小沟峪的水就会汇集到金龙峡，这时候人们就会领略到"金龙峡"三个字的含义了：只见洪峰拍崖，长长的金龙峡就好像是一条咆哮的蛟龙一样窜出

恒山悬空寺

山口，吞卷附近的村庄。传说在东晋的时候，高僧道安曾经对当地人说，只要在峡谷东西两面的悬崖上各修一座寺庙，就可以制服"金龙"。这虽然是传说，但是在峡谷西侧的翠屏峰上确实修筑了一座巧夺天工的悬空寺，在它对面的天峰岭半崖上则修筑了一座白马寺。

陕西金龙峡

陕西金龙峡位于陕西省秦岭北麓的将军山西侧，距西安市30公里左右，被誉为"中国北方第一峡"，以"瀑布群落"、"林海氧吧"、"大峡风光"、"九峰叠翠"、"原始人文"五绝称著于世。

《咏金龙峡》

浑水长峡绝壁峥，龙口泄玉鬼神惊。四百栈道通宵汉，云崖碧波映翠峰。这首诗的作者是张书林，收录在他的诗集《书林诗草二集》中。

徐霞客与金龙峡

我国明代著名的地理学家、文学家徐霞客曾经来过恒山，并写下了一篇《游恒山记》，他赞叹金龙峡的壮观景象是"伊阙双峰，武夷九曲，俱不足以拟之！"

恒山

千 佛 岭

千佛岭在天峰岭西南四十余里的地方。千佛岭与它四面的群峰相比，海拔最低，这里奇峰突起，怪石峥嵘，相传战国时候孙膑和庞涓曾经在此交战过。

千佛岭顶上有一块天然的大峭石，上面建有一座7米高的砖塔，塔上刻有"千佛宝塔"四个字。塔为六角形，塔座高2米，六面都刻有各种图案花纹。大峭石高数丈，上面凿有3个石洞，名为"千佛洞"，"千佛岭"就由此得名。一个洞的洞内正面和东西两面各雕刻着一尊1.5米高的石佛，洞壁之上雕刻着数以千计的只有3寸（1寸约为3.3厘米）高的石佛，洞门口右侧，雕刻着一尊睡装石佛。另两个石洞分上下两洞，上洞里雕刻着11尊佛像，下洞里的石刻佛像因为风化严重，已经很难辨认了。洞外的石头上篆刻着"常乐我净"四个大字。传说在密林深处原本有三座寺庙，分别叫做千佛寺、板方寺和碧峰寺，虽然是三座，但实为一体，主寺千佛寺又称上寺，就坐落在千佛岭的千佛塔下。

战国

战国（前475—前221）是中国历史上分裂最严重、最持久的时代之一，主要分裂为7个诸侯强国：齐国、楚国、燕国、韩国、赵国、魏国和秦国，史称"战国七雄"。

自然景观

孙膑

孙膑，本名孙伯灵，是战国时期一位著名的军事家，山东鄄城人，传说他是另一名著名的军事家孙武的后人，著有《孙膑兵法》，指挥的著名战役有"马陵之战"等。

庞涓

庞涓是战国时代魏国的一位大将军，相传他与孙膑曾经一同拜鬼谷子为师，庞涓因为嫉妒孙膑的才能，设计挖出了孙膑双腿的膝盖骨，后来在马陵之战中孙膑大败庞涓。

翠 屏 峰

恒

　　翠屏峰是恒山西侧的主峰，与恒山东侧的天峰岭东西对望，著名的恒山悬空寺就位于翠屏峰上。翠屏峰和天峰岭一样，都属于断层山，每当春夏草木繁盛的时候，远远望去，山峰上一层断崖，一层绿带，十分好看。走在攀登翠屏峰的山路上，会发现山路两侧的石头千姿百态，古木参天，难怪有人会说"窥翠屏一斑，知恒山全貌"呢！翠屏峰脚下就是金龙峡的腹地，两侧沟壁又陡又直，雨季的时候峡底的流水奔泻千里，谷幽峡深，十分险要。从翠屏峰仰望，可以远远看见高耸的天峰岭上大大小小的庙宇，在松柏的掩映中，一幢幢红墙黄瓦的宫殿式建筑在山峰上忽隐忽现。

　　1958年，政府在金龙峡峡口上修筑了恒山水库，一座长130

翠屏峰

米、高55米的大坝把天峰岭与翠屏峰相连，后来又凿通了一条500多米长的公路隧洞，使天堑变成了通途。穿过隧道，迎面而来的是高耸入云的峭壁和水波荡漾、山峰倒映的峡湖，让人豁然开朗。

断层山

断层山又叫"断块山"。岩层在断裂之后，位置会相互错开，这种变化就叫做断层，岩层经过断层形成的山脉就叫断层山。断层山一般比较陡峭。

腹地

腹地指的是一个地方或地区的中心一带。腹地原来专指港口集散物资的地域，后来被引申指位于经济和文化中心城市周围的毗邻地区。

泰山翠屏峰

在泰山上，也有一座名为翠屏峰的山峰，它位于泰山的东南，因为山峰壁立，上面草木葱翠，好像是泰山的屏风一样，所以名为翠屏峰。

翠屏峰

25

还 原 洞

在恒山恒宗殿左边的耳殿内有一个灵穴，这就是还原洞。这个灵穴命名为还原洞是因为上面刻了"还原洞"和"复还天巧"这几个字。"还原"是恢复事物本来面貌的意思，"复还天巧"就是恢复大自然的天然景色的意思。为什么会刻这几个字呢？这里面还有一个故事。

在尧帝的时候就有关于恒山的记载，周朝的第二个皇帝周成王曾经来恒山狩猎，后来恒山成了历代帝王祭祀的地方之一，到了汉朝汉宣帝的时候，改成了到河北曲阳县祭祀，这种情况一直延续到了明朝。明朝统一天下以后，一些大臣屡次上书请求皇帝恢复到恒山祭祀，但是因为交通不便和为了符合上代祭祀的惯例，一直还是在曲阳祭祀，后来大臣黄应坤、郑洛等人亲自来到恒山视察，看到恒山山势雄伟、幽静奇巧，对皇帝不来恒山祭祀感到十分遗憾，为了发泄胸中的闷气，就挥笔写下了"还原洞"和"复还天巧"几个字。

周朝

周朝分为"西周"和"东周"两个时期。西周由周武王姬发创建，东周由周平王姬宜臼建立。其中东周时期又称"春秋战国"，分为"春秋"和"战国"两部分。

悬空寺近景

周成王

周成王，姓姬，名诵，是西周的第二个皇帝，周武王的儿子，谥号成王。周成王与他的儿子周康王统治期间，社会安定、百姓和睦，被誉为"成康之治"。

谥号

谥号制度传说是在西周兴起的，是在我国古代，皇帝或者有地位的人死后，根据他的生平行为给他另起的称号，比如"武"帝、"文"帝等。

还原洞

大 字 湾

恒山远眺

　　大字湾在恒山的西面。当走下恒山大坝，穿过恒山隧道，再向东南翻过一座山岭，这座山岭就叫做停旨岭。相传清代顺治皇帝曾经派遣工部侍郎李呈祥奉旨来恒山举行隆重的祭祀大典，李呈祥走到停旨岭这个地方的时候，因为山势险峻，马车没有办法前行，于是他下马步行，后人因此称此处为"停旨岭"。过了停旨岭，就走上了"蜿蜒百折，鸟道千里"的十里步云路。山路上苍松翠柏掩映着各式各样的庙观楼阁，脍炙人口的恒山十八景大多分布于山道两侧。沿着步云路西行，当你盘旋登高、步步入云的时候，一块巨石骤然迎面崛起，巨石的半腰平滑如镜，上面刻着"恒宗"两

28

个字，字体高有十几米，遒劲有力，人们把这块巨石称作"大字岩"，把大字岩所在的山湾称作"大字湾"。

大字岩上的"恒宗"两个字庄严正楷，丹漆重抹，气势不凡，恰好像悬挂在恒峰上的一块巨大的石匾，仿佛是北岳的标志。据介绍，它是明代成化年间山西督学张升所刻的。

工部

工部是隋朝开始设立的一个中央官署名，主要掌管各项工程、工匠、屯田、水利、交通等，与吏部、户部、礼部、兵部、刑部并称"六部"。工部的最高长官是工部尚书。

侍郎

侍郎创建于汉代，是郎官的一种，是宫廷的近侍。东汉以后，作为尚书的属官，初任为郎中，满一年为尚书郎，满三年为侍郎。隋唐时在中央设六部，侍郎是各部的副长官。

督学

督学是明清时派驻到各省督导教育行政及考试的专职官员，负责视察、监督学校工作，是提督学政或督学使者的简称。民国以后各级教育机关督导所属及学校的专员也称为"督学"。

大字湾

四大夫松

　　在恒山众多的古松中，有四株唐代古松最为有名，这四株古松位于大字湾南北石梁上，根部悬于石外，紧抓岩石，傲然挺立，气势不凡，别具风格。因为唐太宗曾经来过此处，所以被后人传说为御定的"四大夫松"。大字湾南两株，东面那株像刚直不阿的御史，称作"御史松"；西面那株像披甲挂铠的将军，称作"将军松"。大字湾北两株，东面那株像临风醉酒的学士，称为"学士松"；西面那株像含情脉脉的处子，称作"女驸马松"，也叫"仙子松"。

　　除了"四大夫松"，在恒山停旨岭西南的红石梁上还有两株参天古松也比较有名，上恒山旅游的公路从两株松树中穿过，这两株古松是恒山松中年纪最大的"长者"，二老夹道恭立，招手迎客，所以称作"迎客双松"。恒山的松树大部分能长在石头缝里，只要有点土壤，它们就能扎下根，就能在悬崖绝壁上不断地伸展着枝翼，不断地铸就它们顽强不息的生命。

泰山五大夫松

　　泰山五大夫松位于泰山云步桥北侧，又称为"秦松"。五大夫松的来历根据《史记》记载，秦始皇在登封泰山的途中遇到大雨，避于一棵松树之下，后来封该树为"五大夫"爵位。

古松

御史

御史是中国古代一种官名。先秦时期御史是负责记录的史官、秘书官。从秦朝开始，御史变为专门作为监察性质的官职，一直延续到清朝。

唐太宗

唐太宗是唐代的第二位皇帝，名李世民，政治家、军事家、书法家、诗人，他开创了中国历史上有名的"贞观之治"，为后来唐代出现的"开元盛世"打下了基础。

四大夫松

温泉景区

　　温泉景区指的是浑源的汤头温泉，位于浑源县城45公里处的汤头村附近，在恒山的南麓。汤头温泉的历史悠久，在很早就被利用了。根据史书记载，在北魏的时候汤头温泉就成为了皇家的温泉行宫，北魏的很多皇帝都曾经来这里疗养。但是因为地壳的变动，温泉和附近的古代建筑已经毁灭无存了。1974年，当地政府在温泉出露的河床上，打了一眼63米深的热水井，井水温度达63℃之多，水量充沛，四季不断。水内含有钾、钠、钙、镁等十多种元素，对皮肤病、风湿病、关节炎、轻度心血管等十多种病都有明显疗效，为了适合人体的温度，先将热水输送到水箱，等到水温下降到40℃

温泉

左右，再分送到各个浴池。在汤头村果园丛中还修建了一座漂亮的"汤头村温泉疗养院"，院内有宽敞、舒适、漂亮的浴室、池塘、盆塘，还有按各种病型分别浴洗的地方和休息的场所，尽力使游客在北岳旅途中，不仅游览各种名胜古迹，还能消除疾病。

温泉

温泉是泉水的一种，是一种由地下自然涌出的泉水。温泉对健康有益，可以消除疲劳、加速血液循环、促进人体新陈代谢，水质不同的温泉有不同的疗效。

行宫

行宫是古代在都城以外供帝王出行时暂时居住的宫室，大致从商代的时候就开始有修建行宫的记载。行宫有各种各样的功用，有的为了避暑疗养，也有一些是为了军事、宗教活动。

临沂市汤头汤泉旅游区

临沂市汤头汤泉旅游区位于山东省临沂市河东区的北部，驰名国内外，被中国地热专家誉为"优于日韩，国内领先"，是全国天然甲级温泉，全国唯一地下水可饮用温泉。

温泉景区

山

磁峡烟雨

恒山景观

磁峡烟雨指的是恒山上的雨景。"磁峡"指的就是金龙峡，据说金龙峡在清晨和傍晚的时候雾气氤氲，状如"烟雨"。悬空寺位于恒山西侧的主峰翠屏峰上，在阴雨天游览悬空寺，会别有一番韵味。据说雨中游寺，有雨往上飞的奇观。而雨大的时候，雨水从崖顶直洒而下，如帘如幕。这时候看翠屏峰对面的天峰岭云雾蒸腾，烟雨迷蒙。站在悬空寺上，隔着水帘遥望恒山，山色似有若无，缥缈恍惚，妙不可言，这就是"磁峡烟雨"了。明代的赵克明写有《磁峡烟雨》诗：

晚云缥缈隔平川，峡口岚光远近连。

树合晓烟迷秀丽，花迎暮雨斗芳妍。

悬空寺隐寒流外，壮观碑封碧草边。

黛色明朝收拾去，满山飞翠接青天。

还有一首诗也是描写"磁峡烟雨"的：

南山峡口势嵯峨，岚气冥蒙覆涧河。

春晓腾烟迷径路，晚云酿雨洒藤萝。

悬空寺上晴偏少，磁峡城头晦亦多。

土脉如酥农力尽，年年风景更如何。

岚光

岚光指的是山间的雾霭经过阳光的照射而反射出七色的光彩。"岚"的意思就是山间的雾气，"霭"指的是云气。

藤萝

藤萝又叫紫藤，是原产于中国的著名观花绿荫藤本植物。紫藤春季开花，花紫色，花和种子可食用，紫藤各地均有野生或栽培，根、种子可以入药，性甘，微温，有小毒。

黛色

黛色是中国传统的色彩名词，指的是青黑色。黛指的是一种青黑色的颜料，是古代女子用来画眉的，所以黛也用来代指女子的眉毛和美女。

云阁虹桥

在天峰岭和翠屏峰之间的金龙峡的东西陡崖峭壁上，有许多大小不同、高低有别的方形窟穴，窟穴的东崖上方刻着四个楷书汉字"云阁虹桥"，这里就是云阁虹桥的遗址。据说在很久以前，这里修筑了名为"云阁"的栈道和连接峡谷两壁的"虹桥"。关于云阁虹桥，还流传着一个美丽的传说。

据传古代有一个神奇的匠人叫鲁班，因为他手艺特别好，被天上的玉皇大帝召至天上，封为"天巧匠"，让他替天神们建造宫殿。虽然鲁班成了神，可是他还是经常偷偷溜到人间来看一看，有一天鲁班路过恒峰，看到一个中年妇人坐在路边痛哭，鲁班于是上前询问，原来是她的丈夫和儿子来恒山干活的时候都被金龙峡的洪水冲走了。鲁班于是决定在金龙峡上建一座桥，可是他刚在悬崖两侧凿好了石洞，玉皇大帝就知道鲁班偷偷溜到人间的事了，于是他派天兵天将把鲁班强行带回了天宫，所以东西两边悬崖上只留下了许多凿好的石窟，一直保留到了今天。

楷书

楷书又名正楷、楷体、正书、真书，是汉字的一种书写形体。"楷"有楷模的意思，因为楷书的字形方正、笔画平直，可以作为楷模，所以叫做楷书。楷书在汉末开始出现，一直通行到今天。

五岳碑刻

鲁班

鲁班，姓公输，名般，春秋末到战国初的鲁国人，因为"般"和"班"同音，人们又称他为鲁班。鲁班是我国古代一位出色的工匠和发明家，我国的土木工匠们尊称他为祖师。

《云阁虹桥》

东架云阁西飞檐，虹桥横跨烟雨间。龙峡虎骨喷珠玉，香客飘渺皆神仙。这首诗的作者是山西浑源县人张剑扬，他作有《恒岳十八拍》。

云路春晓

悬空寺一景

云路春晓指的是步云路。南出恒山隧洞，走大约1公里，便到了岳门湾。岳门湾是恒山的山门。山门本来依山而建，坐东面西，有三个门，是砖拱门，中门上匾书"北岳恒山"。门前有牌坊耸峙，坊上的正中匾上写着"北岳恒宗"，左匾是"屏藩燕晋"，右匾是"拱翊京畿"。坊下有石级百余，又建有牌坊。坊上正面匾曰"百祀朝宗"，背面匾曰"千岩拱极"。山门里建有三元宫。山门的旁边原有"塞北第一山"的石碑，由宋代大书法家米芾所书。现在的岳门湾牌坊是重建的，三路四柱，琉璃瓦盖顶。坊上龙凤匾上书"北岳恒山"，为原新华社社长穆青书写的。

从岳门湾到恒峰极顶的登峰路有5公里，称作十里步云路。在这十里步云路上，旧日一里一亭，亭亭不同；一步一松，步步入云。风景十分的优美，因此被人们称作"云路春晓"。清朝的孙汝霖作有《步云路》一诗：

> 恒峰巍嵘与天齐，步蹑层峦万仞梯。
> 瑶草琪花纷接引，屐痕一路蹴香泥。

砖

砖是建筑用的人造小型块材，俗称砖头。中国在春秋战国时期陆续创制了方形砖和长形砖，秦汉时期制砖的技术和生产规模、质量和花式品种都有显著发展，世称"秦砖汉瓦"。

京畿

京畿一词出现于唐朝，当时将唐长安城周边地区分为京县和畿县，京城所管辖的县为京县，京城的旁邑为畿县，统称为京畿。后来京畿泛指国都及附近的地区。

瑶草琪花

瑶草琪花也称作琪花瑶草，出自吴承恩的《西游记》。瑶、琪指的都是美玉，本来是古人想象中仙境的花草，后来也形容晶莹美丽的花草。

虎口悬松

位于果老岭虎风口的悬根松是松中之奇，被称为"虎口悬松"，是恒山十八景之一。这株松树生长在石缝中，依靠石缝中的黄土和渗透于石缝中的水分顽强的生存。根须长粗以后长出岩石外面，盘在石头上。露在地面的根系形成错综交叉的"根门"，人们可以在"根门"下任意穿行。悬根松就像是恒山的使者，在此迎客送宾，又好像天然的凉亭，给人们遮日留荫，揩汗憩息。汗流浃背的游人一来到这里，便觉得凉风习习，松涛阵阵，暑气尽消。而它那不畏风寒、悬根挺立的顽强精神，更是增加了人们攀登恒山的勇气。

传说这株松是当年张果老上下恒山时经常拴驴的地方，有一次驴惊，将树连根拔起。根据当地的老人回忆，这株松树本名盘根松，真正的悬根松位于这株松旁边，松根悬空，人们弯腰可以从根下经过，比盘根松粗，可惜20世纪20年代被人伐倒。为了纪念那株受害的悬根松，人们就把这株盘根松叫做悬根松了。

黄土

黄土是土壤的一种，是砂粒、黏土和少量方解石的混合物，一般为浅黄色或黄褐色，内部空隙较大，用手搓捻容易成粉末，土质肥沃。我国西北部是世界有名的黄土地带。

凉亭

凉亭

凉亭是常建在花园或公园中供乘凉用的亭子，常由柱子支承屋顶建造。凉亭根据建造材料的不同又可以分为木亭、石亭、竹亭等。

中华名树悬根松

中华名树悬根松位于山西省潞城市成家川办事处鼎留村夫帝庙后面的土坡上。由于土坡长期水土流失，树根全部暴露在外，似悬在空中，当地群众称之为"悬根松"。

果老仙迹

松树林

　　"果老仙迹"指的是果老岭。果老岭在恒山的半山腰上，离虎风口不远。果老岭的得名是因为"八仙"之一的张果老，果老岭的石面上有一行行深深浅浅的小石坑，深的有三四寸，浅的一两寸，看上去很像驴蹄印，相传是当年张果老拉着驴子爬坡的痕迹。

　　"果老仙迹"是恒山十八景之一。登恒山的游客每次走到这里，总会兴致勃勃地弯下腰寻蹄印、追仙步，说起张果老倒骑毛驴的故事。有一首《果老仙迹》诗，写得就是张果老倒骑驴的故事：

　　　　　　　石岭驴蹄印行行，果老醉后玩荒唐。

　　　　　　　倒行逆施未必错，回头一看知短长。

恒山广场上还有张果老倒骑毛驴的石刻雕像，这座雕像高3.99米，基座正面刻着"张果老"三个篆书书写的大字，背面刻着《广仙列传》，记载着张果老出入恒山的故事。

在果老岭西侧的峭壁上有一株古松，松顶很平，就像一个蒲团，所以人们把它叫做"蒲团松"。每当有云雾的时候，它又像漂浮在水面上的荷叶，所以也叫"荷叶松"。

石刻

石刻是造型艺术中的一个重要门类，属于雕刻艺术，就是运用雕刻手法在石质的材料上进行创作。石刻的技法有圆雕、浮雕、透雕、减地平雕等。

篆书

篆书是古文字的一种书体，分为大篆和小篆两种。大篆是西周时期普遍采用的字体，小篆又叫"秦篆"，是秦代的字体。

蒲团

蒲团就是用蒲草编织成的一种坐具，形状是圆形扁平的，又叫做圆座。蒲团一般是僧人坐禅及跪拜的时候用的东西。在没有蒲草的地区，也有用稻草编的，也叫做蒲团。

果老仙迹

断崖啼鸟

　　"断崖啼鸟"指的是姑嫂崖，在果老岭的东侧，是一段插入云天的万丈峭壁。关于姑嫂崖的来历，有一个动人的故事。传说在很久很久以前，浑源县有一位十分善良美丽的少女，有一年夏天，她和嫂子一起上恒山为母亲采药，不料遇到了一只饿狼。这时候，在附近修庙的青年画郎赶来救了姑嫂两人。少女与画郎一见钟情，但是浑源县县令的儿子听说了姑娘的美丽，要强行霸娶。少女的母亲嫌贫爱富，她为了钱财逼女儿嫁给县令的儿子。姑嫂于是逃上恒山寻找画郎，可是画郎已经被县令害死了，姑嫂走投无路，最后含泪跳下了悬崖。姑嫂的坚贞感动了北岳大帝，他于是把姑嫂变成了两只小鸟，少女化作百灵鸟，嫂嫂化成找姑鸟。每当盛夏的时候，百灵鸟在崖上终日啼叫，找姑鸟也啼声不断，就好像在向人们诉说她们的故事。"断崖啼鸟"是恒山十八景中最感人的一景。在舍身崖的半壁石槽上，人们为了纪念姑嫂，立有一座姑嫂祠。姑嫂祠是一座三层的小楼，与悬空寺遥相呼应。

北岳大帝

　　北岳大帝是五岳大帝之一。关于它的来历，说法不一，有一种说法是黄帝的后裔颛顼氏黑帝，他奉命治理恒山，被封为北岳大帝。道教对北岳大帝十分尊崇。

百灵鸟幼鸟

百灵鸟

　　百灵鸟是草原上的代表鸟类，属于小型鸟。百灵鸟头上常常有漂亮的羽冠，嘴比较细小，呈圆锥状，有些种类长而稍弯曲。百灵鸟的鸣叫声非常好听。

得一庵

　　姑嫂崖上除了姑嫂祠，还有一座得一庵。得一是一个人的名字，相传是金庸小说《笑傲江湖》中定逸师太的原型。

断崖啼鸟

夕阳返照

　　北岳的恒山奇异怪事很多，作为恒山十八景之一的"夕阳返照"就是其中的一大奇观。"夕阳返照"指的是恒山一德峰傍晚的景色，一般出现在初秋时节。初秋的恒山，色彩斑斓，景象万千，在傍晚时分，西边的落日渐渐隐去，远处的山峰只能看到峰顶一条隐隐约约的轮廓线。当天色慢慢暗下来的时候，突然，恒山一德峰整个山壁的岩体变得特别的亮，特别的刺眼，整座山体呈现出金黄色，就好像是一座闪闪发光的金山屹立在那里。这种现象能持续3～5分钟，就消失得无影无踪，让你怀疑刚才是不是自己做了一个梦。在天峰岭的半壁间留下了"夕阳返照"的摩崖题刻。能够亲眼目睹"夕阳返照"的人不多，大都是在恒山常年居住的道士、隐士或是景区的工作人员。明朝

恒山摩崖石刻

的董锡还写有一首《夕阳返照》诗：

西沉残日竟茫茫，山有名楼载夕阳。

数片晚霞铺异色，几重幕岭弄余光。

僧归野寺闻钟急，鸟向疏林待月藏。

可是岳灵多胜事，万年返照岂寻常。

返照

返照也写作"返炤"，指傍晚的阳光。一种生命或事物消亡前表现出较强的生命力，也称为返照。另外，返照还是一个佛教用语，指用佛性对照检查自己。

摩崖

把文字直接刻写在山崖石壁上称作"摩崖"，岩画也可以算做是一种摩崖石刻。我国比较有名的摩崖有徐州的子房山摩崖石刻等。摩崖石刻也被认为是一种专门镇压风水的符咒。

董锡

董锡，字怡庵，名锡，明代浙江绍兴人。他在弘治二年（1489年）的时候出任浑源知州，撰写了《浑源州志》，留下了很多描写恒山的诗作。

龙泉甘苦

悬空寺远观

  "龙泉甘苦"指的是苦甜井。在恒山的半山腰、白云堂的东边有一个小亭叫做"玄武亭"，亭子里面有两口井，就是苦甜井。两口井一南一北，相隔不到一米，但是水质却截然不同：一口井的井水甜美甘醇，叫做"甜井"；另一口井的井水却苦涩难饮，称为"苦井"。甜井井深只有数尺，却取之不竭，可供万人饮用。这两口井是唐朝打的，唐玄宗李隆基曾赐了一块匾给甜井，封它为"龙泉观"。据说，当年有一位道长认定在恒山的半山腰上一定有水脉，但是却打出了一眼旱井，道长并没有放弃，坚持要在这口旱井旁边继续打井，终于打出了甘甜清爽的"甜井"。

为什么两口井相隔不远却流出一甜一苦两种不同的水质呢？原来是泉水从有水的"甜井"通过岩石，渗入没有水的旱井也就是"苦井"中，与里面的矿物质混合，发生了反应，就有了矿物质的苦味。恒山的苦甜井就好像是我们的人生，有苦也有乐，正如一首诗所写：

> 并蒂两瑶泉，一苦一甘甜。
>
> 人生亦如此，善恶一念间。

唐朝

唐朝在618年由李渊建立，首都在长安（今陕西西安）。907年灭亡，一共经历了21位皇帝。唐朝在文化、政治、经济、外交等方面都创造了辉煌的成就，是当时世界上最强大的国家。

唐玄宗

唐玄宗李隆基，又称为"唐明皇"，是唐朝的第九位皇帝，在位时间是712—756年。他在位期间创造了中国历史上著名的"开元盛世"，是唐朝发展达到鼎盛的时期。

矿物质

矿物质又称无机盐，是地壳中自然存在的化合物或天然元素。矿物质和维生素一样，是人体必需的元素，它在人体内不能自行合成，必须通过饮食补充。

幽窟飞石

飞石窟是位于飞石峰腰际的一个天然大石窟，在舍身崖的北面，三面环壁，一面临崖。飞石窟是恒山十八景之首的"幽窟飞石"。

关于飞石窟的来历，有一个跟舜帝有关的故事，说是在4000多年前，舜帝即位后，决定每五年巡狩一次。有一年冬天，舜帝巡狩至恒山，对恒山行叩拜之礼。刚刚礼毕，一块巨石从恒山主峰飞到舜帝面前。舜帝觉得这块石头是吉祥之物，就给它命名为"安王石"。五年后，舜帝二次北巡，当行至恒山山脉东端一个名叫曲阳的地方时，由于地上积雪很厚，没办法再前行。舜帝说，既然这里也是恒山，就在这里祭拜吧。谁知一语未了，当年飞至舜帝面前的那块安王石竟又飞到了曲阳。舜帝一见，更觉得恒山确有神灵，由此在祭祀恒山时又多了曲阳这一个地方。后人便在曲阳飞石处建造了规模宏大的北岳庙。庙里专门设了一座"飞石殿"，而恒山上的飞石窟据说就是原来安放那块石头的地方。

飞石窟里还有跟后土夫人有关的梳妆楼。

祭祀

祭祀是中华民族的一种传统礼仪，对象有三类：天神、地祇、人鬼。祭祀有严格的等级界限，天神、地祇只能由天子祭祀，诸侯大夫可以祭祀山川，平民则只能祭祀自己的祖先和灶神。

北岳庙一景

曲阳

  曲阳是河北省保定市的一个县，有"中国雕刻之乡"的美誉，盛产鸭梨、大枣等。有北岳庙、蔺相如墓、定窑遗址、灵山聚龙洞、王快水库等风景名胜地。

后土夫人

  后土夫人也叫后土娘娘、地母娘娘等。相传每年农历的十月十八日是后土娘娘出生的日子，人们会在这一天祭祀她。

幽窟飞石

石洞流云

人文风光

　　在紫芝峪的东北，是连接恒宗峰与飞石峰的一道险岭，叫做栈云岗。岗崖上经常凝云聚雾，云停岗断，云走岗连，所以叫做栈云岗。栈云岗经常凝云的一个峭崖上，有一个石洞，当地人称为"出云洞"。洞口的石头上刻着"白云灵穴"四个大字，因此出云洞又称白云洞，也叫白龙洞。"石洞流云"是恒山十八景之一。

　　由于出云洞的洞口高悬于绝壁之上，无路可攀，所以洞的深浅与大小无法考证。传说出云洞下通地海龙宫，龙宫里住着北海龙王的儿子白龙公子，白龙公子娶了恒山大帝的女儿为妻，入赘恒山，住在出云洞里，掌管北方的云雨，每当降雨的时候便先从出云洞里吐出团团云雾。历代的地方官一遇干旱，就来出云洞求雨。

出云洞洞口周围经常有云雾拂动，尤其在雨季，更是云雾缭绕，烟岚缥缈，充满诗情画意。每当暴风雨来临之际，洞口周围顷刻乱云飞渡，当地俗语说："恒山带云帽，大雨说话到"。因此，出云洞还是"气象台"，向人们预告风雨。

龙

在中国古代的神话与传说中，龙是一种神异动物，是由9种动物合而为一形成的形象，能细能巨，能短能长，呼风唤雨，无所不能。龙在古代还是帝王的象征。

北海龙王

北海龙王是神话传说中在水里统领水族的王，掌管兴云降雨，各地都有龙王庙。神话传说里一共有四位龙王，除了北海龙王之外，还有东海龙王、西海龙王和南海龙王。

祈雨

祈雨又叫求雨，是围绕着农业生产、祈祷丰收的巫术活动。祈雨巫术曾广泛存在于世界各地区、各民族的历史中，我国的苗族和彝族都有祈雨节，在非洲地区还有一种祈雨舞。

石洞流云

茅窟烟火

茅窟烟火指的是三茅窟。在白虎观北紫微阁旁边的断崖上有三窟，传说是三茅真人昔日修仙得道的地方。传说三窟有怪异现象，一窟点火，另外两窟就会冒烟；两窟点火，另外一窟冒烟；如果三窟同时点火，三窟就都不往外冒烟了。这一奇异景观被人们称为"茅窟烟火"。

三茅真人指的是汉代修道成仙的茅盈、茅固、茅衷三兄弟，是道教茅山派的祖师，道教称为大茅君茅盈、中茅君茅固和三茅君茅衷。三兄弟是陕西咸阳南关人，据说大茅君茅盈在18岁的时候离开家到恒山读老子书及《易经》，在恒山修行了6年，后来面见西王母，受玉佩金铛之道、太极玄真之经，49岁的时候学成得道而归。茅盈飞升后，两兄弟均弃官还家，求兄于东山，茅盈传授给他们延年不死之法。两兄弟修道三年，服九转还丹后，也飞升成仙了。现在江苏省有一座茅山，以奉祀三茅真君而著称于世，进香的日子为农历的正月至三月。

茅山派

茅山派是道教的教派之一，是南朝时候的著名道士陶弘景创立的，因为在茅山筑馆修道，尊三茅真君为祖师，故名茅山派。

石刻

祖师

祖师原指佛教、道教中创立宗派的人，又指创立某种学说或创造某种技艺而被众人尊为老师的。如今泛指各行各业的创始者。

九转还丹

九转还丹指修炼内丹所须旋转的次数，九是一个虚数，不是指九次，而是指阳之极，这是用《周易》的乾卦来做比喻的。乾为金，九为金之成数，所以称九转，才能炼成大丹。

金鸡报晓

　　在恒宗殿的右侧有一块奇怪的石头，叫做"金鸡石"，击打石头，它便会发出像鸡鸣般的叫声，让人惊奇不已。相传在恒山的停旨岭村有一对兄弟，弟弟心地善良，为人忠厚老实；哥哥好吃懒做，不求上进。父母死后，哥哥只分给弟弟一只公鸡，便将弟弟踢出了家门。有一年，天下发生了虫灾，天上的神仙因为弟弟好善积德，便将公鸡点化，为其捉虫除害。哥哥看到弟弟的庄稼长势良好，便向弟弟借公鸡，但公鸡无论如何也不愿意跟哥哥走。哥哥气急败坏地追着公鸡猛打，当他追到恒宗殿右侧的时候，公鸡突然化

悬空寺全景

作了一块石头，哥哥生气地用石头击打它，公鸡的魂魄便向对面山体飞去，只留下了一块石头。如果你来到恒山，不妨敲一敲这块"金鸡石"，就可以听到对面公鸡的鸣叫了。

在恒山的会仙府有一块石碑上写着这样一句话："东岱大夫之松，西华仙人之掌，南衡龙书蛇篆，北恒金鸡玉羊"。"金鸡玉羊"中的金鸡就是指这块"金鸡石"了。

魂魄

魂魄指人的精神灵气，古代认为魂是阳气，构成人的思维才智；魄是阴气，构成人的感觉形体。魂是阳神，魄是阴神。道教有"三魂七魄"之说。

华山

华山是我国著名的五岳之一，被称为"西岳"，位于陕西省华阴市境内，是秦岭支脉的一座花岗岩山。华岳仙掌是华山著名的景观。

衡山

衡山位于湖南省衡阳市，是五岳之一的"南岳"，以"五岳独秀"、"宗教圣地"、"中华寿岳"等著称于世，"福如东海，寿比南山"中的"南山"指的就是衡山。

玉羊游云

从恒宗殿眺望天峰岭的山顶，有白石累累，就好像一群羊在绿色的云端游动。这些"羊"姿态各异，有的在行走、有的在奔跑、有的卧在草地上……传说茅氏三兄弟在恒山三茅窟修仙的时候，不慎失落了两粒金丹，正好被一只黄山鸡和一只白山羊各吃了一粒，得了仙体。茅氏三兄弟知道以后，就指派它们在恒宗殿西侧的钟楼下当值，专管司晨报晓，山下的一个妖道听说了这件事，一直想把金鸡和玉羊偷到手。有一天，他趁看守金鸡、玉羊的仙童不在，就来到了恒宗殿，妖道先把金鸡捉住，然后将玉羊赶上山顶，想从山后偷下山岗。刚上山顶，正好有一群羊在吃草，玉羊便钻进了羊群里，妖道怎么赶也赶不走，一失手，连金鸡也从手里飞跑了。正在这时，山下的居民见到山上火光冲天，以为山上失火了，数百人拿着铁锹涌上山来救火。妖道见盗宝不成，于是念动咒语，刚飞回大殿西侧的金鸡忽地钻入了一块石头之内，玉羊随着羊群就地化为了块块白石。这就是"玉羊游云"的由来了。

修仙

修仙是道教所说的通过某种途径锻炼自我、不断改造自我而成仙的过程。道家典籍中修仙的方法众多，常见的有服食丹药、打坐修练等。

恒山风光

金丹

　　金丹指的是炼丹家用丹砂与铅、硫黄等原料烧炼而成的黄色的药丹，又称为"仙丹"，道教认为服用后可以使人成仙、长生不死。

咒语

　　咒语就是有一定能量的信息，是一种巫术行为，平时禁止使用，一经使用，它就具有了超自然的力量，会致对方于死命。咒语的文字表现形式是符箓。

紫峪云花

灵芝

　　"紫峪云花"指的是恒山的紫芝峪。紫芝峪位于恒宗殿的东侧，是一道草木丛生、曲折幽奇的沟峪。峪的西北是天峰岭，东南是飞石峰和舍身崖。置身峪中，两边峭岩似千军列阵，危崖如丛林剑立，山桃花遍地盛开，灌木林遮天蔽日。如果碰上雨后天晴，峪底的激流跃石跳涧，从恒宗殿下冲向恒峡深谷，汇入水库。

　　根据《恒山志》记载，紫芝峪里生长着灵芝仙草，是恒山的镇山宝药，它的形状很像紫色的云锦，所以这条峪得名为紫芝峪。当地人们传说，每一颗灵芝草都有一条双头毒蛇看护。又说这紫芝峪的灵芝草凡人俗眼看不到，只有诚心地祈祷，感化了恒山圣帝，灵芝才会现行放光。过去当地人有一个习惯，只要家中有人生病，便入紫芝峪寻找灵芝。

在紫芝峪南侧的飞石窟旁边的石崖上，镶有一块明朝大同府通判题写的《采取玄芝记》石碑，记载了明嘉靖二十五年（1546年），他为明世宗皇帝来恒山紫芝峪采灵芝的事，这块碑可以证明紫芝峪里确实有灵芝。

灵芝

灵芝是一种多年生的菌类植物，可作药用，有赤芝和紫芝之分，其中紫灵芝的药效最好。灵芝在增强人体的免疫力、保肝护肝、促进睡眠等方面均有显著疗效，常服可以延年益寿。

恒山中的草药

除了紫芝峪的灵芝，恒山上还有许多其他的中草药，现在出名的就达五六十种，尤其是恒山上漫山遍野的黄芪，是草药中的翘楚，每个到恒山旅游的人，都会带点黄芪回去。

聚宝盆的传说

传说在紫芝峪下面埋藏着一只聚宝盆，山上贪心的老道想把聚宝盆据为己有，却失手将聚宝盆摔碎，聚宝盆的碎片散落到山中，从此，恒山遍地奇花异草，成了百药荟萃的聚宝盆。

紫峪云花

脂图文锦

"脂图文锦"指的是石脂图。离开北岳寝宫往北游览，举目观望，会发现有处山崖呈现出朱红、粉白等颜色，经过阳光的照射，显得璀璨夺目，这就是"石脂图"了。传说，恒山的后土娘娘会在每天的清晨来到这里，拣些朱红、粉白、墨黑、杏黄、天蓝五色石子带回梳妆楼，在梳妆台上研制出胭脂等化妆用品，仔细梳妆打扮一番，然后再到东岩的后土娘娘庙内上早朝，听候各路土地奏本，保佑生灵安宁。诗人张开东曾经写过《石脂图》诗：

北岳东岩顶，石脂五色图。

草烟分错落，松荫杂虚无。

晚日光摇炫，春花锦砌铺。

襄阳笑米芾，拜倒不须扶。

石刻

在恒山飞石窟内的南侧，伫立着一座小亭，这座小亭就是梳妆楼，也叫梳妆台，传说这里是后土夫人梳妆的地方。这当然是恒山人民的想象，但小亭的周围白云飘浮，泉水叮咚，花木葱茏，的确很像是一个仙境，也难怪人们会觉得这里是后土夫人的梳妆楼了。游人在此小憩，观山览景，看花赏雾，有如身临瑶池仙境一般，别有一番情趣。

胭脂

胭脂是一种用于化妆和国画的红色颜料，原料是一种名叫"红蓝"的花朵，这种花的花瓣中含有红、黄两种色素，把它放在石钵中反复捣碎，淘去黄汁后，就成为鲜艳的红色染料。

米芾

米芾，北宋书法家、画家，祖籍太原，世人称为"米颠"。他的书画自成一家，精于鉴别，擅长篆书、隶书、楷书、行书、草书等书体，长于临摹古人的书法，能达到乱真的程度。

瑶池

瑶池是传说中西王母所居住的地方，位于昆仑山上，里面种了3000年开花、3000年结果的"王母蟠桃"，吃了可以长生不老。

脂图文锦

仙府醉月

仙府醉月即会仙府，恒宗殿的西北有一处耸入云霄的悬崖，叫做"会仙崖"，在会仙崖的半山腰有一个占地380多平方米的平台，在平台上依崖建有"玉皇洞"、"会仙府"、"御碑亭"等。会仙府又名集仙阁，据说曾经是仙人炼丹的地方。庙里塑了27尊神仙像：正中是福、禄、寿三星，两旁是道家所说的上、中、下8个仙洞里的24位神仙，其中包括人们熟悉的"八仙"。相传会仙府大殿的神签很灵验，所以到这里求签占卜吉凶成了游人的一大目的。

会仙府是恒山上海拔最高的庙观。置身仙府，就好像置身在仙台，脚下云雾缥缈，头顶上云崖万状，眼前云峰忽隐忽现，让人不由得有点飘飘然，怀疑自己好像登上了神仙的仙台。尤其是到了秋季，恒山上层林如火，漫山红透，秋色醉人，如果这时候夜宿仙府，或依栏望月，会有一种超脱出世之感，人们把这一景色叫做"仙府醉月"。

福禄寿三星

民间传说福禄寿三星是天上的三吉星，"福"寓意五福临门，"禄"寓意高官厚禄，"寿"寓意长命百岁。民间常将福禄寿三星一并供奉。

悬空寺内部观光

求签

　　求签是中国的民间习俗，是占卜的一种形式。一般存在于道观、寺庙和民间的庙宇中。"签"是占卜吉凶所用的竹片，上面一般是用诗的形式写有凶吉祸福的词句。

占卜

　　占卜指的是用龟壳、铜钱、竹签、纸牌或星象等手段来推断未来的吉凶祸福的一种迷信手法。"占"的意思是观察，"卜"是所显现出来的征兆。

仙府醉月

弈台弄琴

弈台弄琴指的是琴棋台。在会仙崖的西北,有一块裂了一条缝的巨石,裂缝仅能容一个人侧身而过。沿着石缝攀缘而上,是一道开满山桃花的险崖陡壁。陡壁的高处有一片双人床大小的岩石,上面刻有"琴棋台"三个字,岩石上还凿有一个棋盘,这里就是琴棋台了。琴棋台又名琴基台,顾名思义是抚琴和对弈的地方。传说,昔日张果老曾经在此

恒山初雪

处炼丹,闲暇的时候与会仙府的众位神仙在这里对弈抚琴。站在此处四下观望,岩石峭壁之上刻有历代名人题刻的"悟道遗踪"、"仙山显岳"、"石壁凌云"、"一局烂柯"等,其中"悟道遗踪"四个大字最为醒目壮观。琴棋台在恒山诸景的最高处,静坐台上,恒宗殿全貌历历在目,十八胜景,任意指点。游人到此,可以聆听松涛声吼、观赏山桃野花、俯览十八胜景、携友对弈抚琴……诗人张开东曾赋诗名曰《琴棋台》:

棋局寻常见，琴音却杳无。

清风松引和，素月鹤来呼。

二女容何妙，孤桐韵欲枯。

为怜山下客，碌碌老尘途。

围棋

围棋起源于中国古代，是一种二人棋类游戏，使用的工具是棋盘和黑白两色棋子。棋盘盘面上有纵横各19条平行线，构成361个交叉点。通常黑子181个、白子180个，均为扁圆形。

对弈

对弈又称手谈，最初指的是下围棋，分成黑白两方，黑棋方先下，至某方无子可落，以占领棋盘面积较多的一方获胜。后来引申为下象棋等对局。

烂柯

烂柯讲的是晋代的王质到石室山上砍柴，看到有几位童子在下棋，王质就到近前去看。等到棋局结束，王质发现手中木斧的斧柄已经腐烂了。等他回到家中，发现已经过了几百年。

弈台弄琴

岳顶松风

永定河大峡谷

岳顶松风即天峰岭，它也是古"浑源八景"之一。天峰岭是恒山东侧的主峰，海拔2016.1米，被称为"人天北柱"、"绝塞名山"、"天下第二山"等。从恒宗殿上天峰岭，陡峭的险径就好像是挂在天上的云梯一样，当你历尽辛苦登上天峰岭极顶的时候，顿时感觉山风拂面，凉爽宜人。尤其是夏秋季节，当您游完恒山诸景，攀登了陡峭险途之后，已经是气喘吁吁，大汗淋淋，来到此处，凉风习习，全身衣服随风飘动，使您顿觉舒适无比。回身下望恒山，就像是一幅天然的山水画卷，古长城依稀可见，桑干河缥缈如带。脚下的浑源川，万亩田园，葱茏如绣；百里岳麓，花果满坡。天气晴朗的时候还可以看到45公里以外的应县木塔。

天峰岭上气象万千。阳春三月，山花烂漫；仲夏之际，峰崖如画；深秋时节，红叶如火。特别是到了三九隆冬，下过一场大雪之后，山头的积雪经日不消，结成琼枝玉叶，分外妖娆，真是"塞北一雪天增高，千峰万壑如云涛"。

古浑源八景

古浑源八景是古代浑源州著名的八种景观，分别是：磁峡烟雨、岳顶松风、夕阳晚照、龙山霁雪、玉泉寒流、柏岩秋色、神溪夜月、远溪晴云。

海拔

海拔是一个地理学名词，指地面上的某个地点或事物高出或者低于海平面的垂直距离。在网络上，海拔也经常被用来指一个人的身高。

桑干河

桑干河是永定河的上游，海河的重要支流，位于河北省西北部和山西省北部朔州朔城区南河湾一带。相传在每年桑葚成熟的时候河水都会干涸，所以得名桑干河。

一　德　峰

　　一德峰是位于飞石窟南崖的一块绝壁，因上面刻有"一德"两个字而得名。这两个字是什么意思呢？恒山是道教的圣地，是道教三十六洞天中的第五洞天。道教认为"道"是宇宙万物的元始，由道生一、一生二、二生三、三生万物。"元"即"一"，"始"即"初"，然后由宇宙而生元气，元气经过演化构成"天地"、"阴阳"、"四时"、"五行"等，由此而化生出万物。所以说，道是宇宙的本源，是天、地、人的主宰者。取得这种本源的体性，便是"德"。道为天，德为地；道为阴阳，德为五行；"道"主"生"，"德"主"养"。为此，在《玄纲论》一书中总结"道德"的含义是天地之主。大地上某地某处常有使人惊异的奇峰、怪洞，这些神奇怪异的景观，都是宇宙赋予大地的"德"。由于这样，诸多名山中居住着许多仙人、隐士。为此，一些文人墨客便在一些幽险的奇峰、绝壁上撰写"一德"二字，用以显示山峰的峻峭幽奇。

三十六洞天

　　洞天是道教仙境的一部分，多以名山为主，认为此中有神仙居住，在此地修炼就可以得道成仙。三十六洞天是道教中神仙居住人间的三十六处名山洞府。

摩崖石刻

元气

    道教有一种"元气论"，认为"元气"是构成宇宙万物的最本质、最原始的要素，万物的产生、灭亡和发展变化都是元气循"道"运动的结果。

五行

    五行指金、木、水、火、土，是中国古代的一种物质观。认为大自然由这五种要素构成，随着这五个要素的盛衰，而使得大自然产生变化，使宇宙万物循环不已。

悬 空 寺

恒

山

悬空寺位于恒山西侧主峰翠屏峰半崖的峭壁上，又名玄空寺，是目前国内仅存的佛、道、儒三教合一的独特寺庙。悬空寺始建于1400多年前的北魏王朝后期，历代都对悬空寺作过修缮，现存的悬空寺是清代和当代重修的。

悬空寺共有殿阁40间，由三部分组成，里面的建筑有三佛殿、太乙殿、观音殿、释迦殿、三官殿、纯阳宫、楼台亭、寝宫、梳妆楼、御碑亭、三教殿等。悬空寺是利用力学原理将悬梁半插入崖壁，巧借岩石暗托梁柱，下面再用木柱搭撑成吊脚楼的形式建成的，是中国古代建筑的精华，建筑特色可以概括为"奇"、"悬"、"巧"三个字。寺内有各种铜浇、铁铸、石雕、泥塑的佛

悬空寺风光

像80多尊，其中比较有名的是三佛殿内的脱纱三世佛像，弥勒殿内的明代铁铸弥勒佛像，三圣殿的阿难与迦叶像，三官殿内的三官塑像和栈道石窟内的石刻佛像。

在悬空寺的北面岩壁上，刻有笔力遒劲的"壮观"二字，相传是唐代大诗人李白所写。其中"壮"字的"士"字内多了一点，相传是因为李白将二字写完以后，觉得内心的情感还没有宣泄完，于是一挥笔在"壮"字上多加了一点儿。

吊脚楼

吊脚楼也叫"吊楼"，是苗族、壮族、布依族、侗族、水族、土家族等族的传统民居。特点是正屋建在实地上，厢房除一边靠在实地和正房相连，其余三边皆悬空，靠柱子支撑。

三官

三官是早期道教尊奉的三位天神天官、地官和水官，也称为三元、三官大帝、三元大帝，道经称：天官赐福，地官赦罪，水官解厄。

李白

李白，字太白，号青莲居士，唐朝人，中国古代最伟大的浪漫主义诗人，有"诗仙"之称。代表作有《蜀道难》、《将进酒》、《行路难》等，有《李太白集》传世。

三　教　殿

　　三教殿位于悬空寺里，殿里供奉了三尊圣像，中间的是佛祖如来，左边是道教的老祖老子，右边是圣人孔子。为什么这三位不同教派的人会在同一个大殿里供奉呢？据说，悬空寺修建好了以后，佛教、道教和儒教都要来占。佛门弟子说："古来名山僧占多，此处应为佛地。"道家弟子道："恒山是道教的名山，悬空寺还在恒山之内。"儒教的读书人说："我们读书人的先师孔子，虽被称为圣人，但没有庙宇供奉，此处必须划归读书才子！"三教争来争去，谁也不服谁。最后商定，谁先抢入寺中，庙宇便归谁。道家子弟久居恒山，轻车熟路，先将三清圣像抬入寺中，占了一座"三宫殿"；佛门子弟身强力壮，抬着佛像紧随其后，占了一座"三圣殿"；最可怜的是读书人，汗流满面才把孔子圣像抬进寺来，这最后一座殿也被佛、道占去了一半，只好委屈孔圣人与佛祖、道祖供在了一起。类似悬空寺里这种三教归一的格局，在国内是十分罕见的。

孔子

　　孔子，名丘，字仲尼，山东曲阜人，是中国春秋末期的思想家和教育家，儒家学派的创始人。被后世尊为孔圣人、至圣先师等。

悬空寺内佛像

儒教

儒教也称孔教、名教、礼教或先王之教，是以孔子为先师，倡导王道德治、上下秩序的国家宗教。儒教以天坛、宗庙、孔庙、泰山为宗教场所，以郊祀、祀祖、祭社稷等为宗教仪式。

三清

三清是道教用语，全称是"虚无自然大罗三清三境三宝天尊"，指的是玉清、上清、太清三清境，也指居于三清仙境的三位尊神，即玉清元始天尊、上清灵宝天尊和太清道德天尊。

北 岳 庙

恒

北岳庙位于天峰岭南面的石壁之下，因为天峰岭又名"玄岳峰"，所以北岳庙又叫做"玄岳庙"。北岳庙建于北魏太武帝时期，屡建屡毁，现存建筑是明代弘治年间所建的。

北岳庙是祭祀恒山的场所，是恒山道观群的主庙，也是最为宏伟的一座。门前有103级石阶通往前下方的山门崇灵门。主殿恒宗殿，又名贞元殿、元灵宫、朝殿，高大雄伟，殿上悬挂着"贞元之殿"的匾额，殿内正中供奉着北岳大帝，两旁恭立着四大文臣和四大武将。神座上方悬挂着"化垂悠久"四个字，是清代康熙皇帝的御笔。大殿两侧有东西耳殿和配殿、钟楼、鼓楼、藏经楼、更衣楼等，大殿廊下挂着很多匾额，如"恒岳钟灵"、"神功浩荡"、"朔野标奇"、"三农有庆"、"岳德宏施"等。殿前保存着明清时代御祭恒山文碑20余幢，其中的《恒山真迹图碑》上镌刻了恒山全景。

北岳庙西面有灵官殿、关帝庙、龙王庙、文昌阁、泛神庙、碧霞观、纯阳宫、十王殿

人文建筑

等，南面有马神殿、官亭、白虎观、紫微殿等，这些建筑同北岳庙一起构成了恒山主峰周围庞大的道观建筑群。

明代

明代是中国历史上的一个朝代，由明太祖朱元璋建立，历经12世、16位皇帝、17朝、276年，是中国历史上最后一个由汉族人建立的封建王朝。

清

清是中国最后一个封建帝制国家，由满族建立，是中国历史上第二个由少数民族建立并统治全国的封建王朝。1636年由清太祖皇太极建立，1911年灭亡，历经12位皇帝。

康熙

康熙是清代的第四位皇帝，名爱新觉罗·玄烨。他8岁登基，在位61年，是中国历史上在位时间最长的皇帝。他在位期间奠定了清朝兴盛的根基，开创出康乾盛世的大局面。

北岳庙

释迦木塔

释迦木塔

释迦木塔也称作应州塔、应县木塔，全名是佛宫寺释迦塔，位于山西省朔州市应县县城内西北角的佛宫寺院内，建于辽清宁二年（1056年），金明昌六年（1195年）增修完毕。释迦木塔是我国现存最古老、最高大的纯木结构楼阁式建筑，与意大利比萨斜塔、埃菲尔铁塔并称为"世界三大奇塔"。

木塔的布局是"前殿后塔"，塔建造在4米高的台基上，高67.31米，呈平面八角形。第一层立面重檐，以上各层均为单檐，共五层六檐，各层间都设有暗层，实际上是九层，外观为六层屋檐。每一层都有内、外两圈木柱支撑，外面有24根柱子，内圈有8根。每层都有佛像，第一层为释迦牟尼，第二层上塑有一佛二菩萨和二胁侍，第三层塑四方佛，第四层是佛和阿难、迦叶、文殊、普贤像，第五层塑毗卢舍那如来佛和人大菩萨。每一层的檐下都装有风铃，每当微风吹动，叮当作响，十分悦耳。

在释迦木塔内，供奉着两颗为全世界佛教界尊崇的圣物佛牙舍利，它盛装在两座七宝供奉的银廓里，经过考证确认是释迦牟尼灵牙的遗骨。

意大利比萨斜塔

意大利比萨斜塔是意大利比萨城大教堂的独立式钟楼，位于意大利托斯卡纳省比萨城北面的奇迹广场上。广场的大片草坪上散布着大教堂、洗礼堂、钟楼和墓园，比萨斜塔位于比萨大教堂的后面。

埃菲尔铁塔

埃菲尔铁塔位于法国巴黎战神广场上，建成于1889年，为法国和巴黎的一个重要景点和突出标志。埃菲尔铁塔得名于它的设计者居斯塔夫·埃菲尔。

舍利

舍利原指佛教祖师释迦牟尼佛圆寂火化后留下的遗骨和珠状宝石样生成物。修行有成就的高僧及在家信徒，往生后也都能得到舍利。舍利的形状有圆形、椭圆形、花形、佛或菩萨状等。

释迦木塔

纯 阳 宫

　　纯阳宫建在九天宫东大约70米高的一个高台上，宫宽三间，深一间，三面有廊，插木入山为基，上面铺有龙骨作面，下用长短不等的木材支撑，总建筑面积为37.2平方米，宫殿内塑有吕洞宾、柳仙等的神像。

　　吕洞宾是著名的道教仙人，民间传说的八仙之一，也是全真派北五祖之一，全真道祖师。吕洞宾原名吕岩，字洞宾，号纯阳子，山西永乐县人。传说他自幼好学，但屡次参加科举都不中，在46岁的时候又去长安应考，在酒馆中遇到了上天仙使汉钟离，汉钟离让他做了一个建功树名、出将入相的美梦，他醒后遂大彻大悟，拜汉钟离为师，赴终南山中修道。在民间，吕洞宾是一位与观音菩

纯阳宫

萨、关公一样人人皆知的人物，他们合称"三大神明"。吕洞宾是八仙中最著名、民间传说最多的一位。民间就有一个很有名的"狗咬吕洞宾"的故事，还有一句与这个故事有关的歇后语，叫做"狗咬吕洞宾——不识好人心"。

八仙

八仙是指在民间广为流传的道教的八位神仙，分别是铁拐李、汉钟离、张果老、何仙姑、蓝采和、吕洞宾、韩湘子和曹国舅。八仙每人都有一两样宝物或法器，一般称为"暗八仙"或"八宝"。

汉钟离

八仙之一的汉钟离其实叫做钟离权，姓钟离，名权，字云房，一字寂道，号正阳子，又号和谷子，因为他的原型为东汉的大将，因此又被称为汉钟离。汉钟离的宝物是一把扇子。

全真教

全真教是道教的一个重要派别，也称为全真派、全真道，北宋末年至南宋初年由王重阳于陕西终南山所创，因为王重阳自题所居庵堂为全真堂，凡入道者皆称全真道士，从而得名全真教。

关　帝　庙

　　关帝庙位于恒宗殿的西侧，是一座小型的庙宇。关帝庙是为了供奉三国时期蜀国的大将军关羽所建。关羽字云长，山西运城人，东汉名将，一生重情义，智勇双全，武艺绝伦，死后受民间推崇，被尊称为"关公"，是民间祭祀的对象，各地都有关帝庙。关羽在民间被尊为"武圣"，与"文圣"孔子齐名。

　　恒山关帝庙上面悬挂着一块写有"默助军威"的牌匾，据传说，明朝灭亡后，各地组织义军奋勇抵抗清军，当时浑源县也有一支这样的义军，但是人数比较少。有一天，清朝的大股军队包围了浑源城，带领清兵的将官了解到浑源城内的驻兵数目很少。但每当清兵将领观察时，望见城头上旗帜鲜明，井井有条，似乎隐藏着无数兵将，迟迟不敢进攻，就先撤军去攻打别处了。后来传言，城头所见的众兵是关公以神兵护持浑源人民，人们为了感谢这种恩情，就做了一面牌匾书写"默助军威"，悬挂在关帝庙上以谢恩德。

三国

　　三国是中国历史上东汉与西晋之间的分裂对峙时期，有魏国、蜀国、吴国三个政权。明代的罗贯中以三国的历史为蓝本写成了《三国演义》，是中国的四大名著之一。

运城解州关帝庙

四大名著

四大名著是中国四部著名小说的统称，分别是罗贯中的《三国演义》、施耐庵的《水浒传》、吴承恩的《西游记》和曹雪芹所著的《红楼梦》。

蜀国

三国时期的蜀国又称为蜀汉，由刘备建立，是三国之一，主要统治益州、汉中、南蛮等地。蜀国一共经历了两位皇帝，共43年，另一位皇帝是刘备的儿子刘禅。

圆觉寺砖塔

　　圆觉寺砖塔位于浑源县县城的东北，圆觉寺已经被毁，但是塔还存在。圆觉寺砖塔建于金代正隆三年（1158年），明代成化年间曾经修葺过。砖塔一共分为9层，呈八角形，分为塔座、塔身、塔顶三部分。塔座高大约4米，上面镶满了浮雕，浮雕中有武士、乐伎和雄狮。塔身由下至上逐渐缩小，形成锥形。塔内有释迦牟尼的塑像，四面墙壁上是壁画，描绘了菩萨和侍者，是明代的作品。

龙纹浮雕

塔身除了第一层有一个门可以通向塔内，其他各层都没有门。塔顶有莲花式铁刹，上面有一个铁制的"候鸟"随风转动，起风向标的作用。这只造型精美的铁鸟，又被称为"翔凤"，凤鸟立在一个圆盘上，两只翅膀微微张开，好像要振翅飞翔。每当风起的时候，凤鸟就会随风转动，可辨风向，这是研究我国古代气象观察仪器难得的实物。据专家讲，圆觉寺砖塔顶端安置的这种古代著名的候风鸟是我国现存的唯一实例。

金

金又称为大金、金国、金朝，是由我国东北地区的女真族建立的一个政权，1115年由金太祖完颜旻建立，都城在会宁府（黑龙江哈尔滨市阿城区），1234年灭亡。

浮雕

浮雕是在平面上雕刻出凹凸起伏形象的一种雕塑，一般是附属在另一平面上的，因此在建筑上使用更多，用具器物上也经常可以看到。浮雕的材料有石头、木头、象牙、金属等。

释迦牟尼

释迦牟尼也就是如来佛祖，是佛教的创始人，本名叫乔达摩·悉达多，是古印度迦毗罗卫国（今尼泊尔境内）的太子，成佛后被称为释迦牟尼，尊称为佛陀。民间信徒称呼他为佛祖。

圆觉寺砖塔

滴 泪 佛

　　滴泪佛是位于恒山翠屏峰上的一尊石佛。在翠屏峰的南侧，有一条由西向东的深峪叫做龙盆峪，峪内的山峰上有一个古寺的遗址，石壁上凿有三尊大石佛，约3米高，为三世佛，石佛的旁边刻有"明昌五年五月十五日归政等重建"的字样。三尊佛的神态凄惨，没有常见佛像的那种慈祥之感，其中东边的阿弥陀佛的眼部裂有一条石缝，水恰好从石缝中流出，就好像是石佛在流泪一样，所以人们把这尊佛像叫做"滴泪佛"。有人猜想这是刻石佛的石匠当时故意留下了一条石缝，也有人说是后来岩石发生了变化产生的。每到夏天的时候，从石佛眼中流出的"泪水"点点滴滴，沥沥不停，遇到有山洪的时候，泪水就像山泉小溪，急湍而下，淅沥有声，好像在向人们哭诉着满腹的悲痛和无限的惆怅。到了寒冬，"泪水"结成了冰。一个大冰柱从眼角一直拖到腿上，雪脸冰身，让人看后生出一种怜惜之情。

遗址

　　遗址是指人类活动的遗迹，是一个考古学的概念。遗址是文物，属于文化古迹，特点表现为不完整的残存物，具有一定的区域范围，很多古代的遗址大多深埋在地下。

悬空寺古建筑

三世佛

　　三世佛俗称三宝佛，是大乘佛教的主要崇拜对象，分为"横三世佛"和"纵三世佛"。"横三世佛"指释迦牟尼佛、药师佛和阿弥陀佛，"纵三世佛"指燃灯佛、释迦牟尼佛和弥勒佛。

阿弥陀佛

　　阿弥陀佛又称为无量清净佛、无量光佛、无量寿佛等，在佛教中他被认为是西方极乐世界中的教主，能接引念佛的人去西方净土，所以又被称为接引佛。

滴
泪
佛

永 安 寺

恒山建筑

　　永安寺位于浑源县城东北的鼓楼北巷，当地人称为大寺。永安寺创建于金代，后来遭到火灾，元代初年本县人高定主持重修，后来又曾多次重修。

　　永安寺现存的山门、中殿、正殿、东西厢房和配殿都是元代的建筑手法，其余的建筑是后来增修的，共占地0.65公顷，建筑面积935平方米，坐北向南，呈长方形。山门内塑有哼哈二将像，正殿名为传法正宗殿，是寺庙的大雄宝殿，长24米，深15米，殿顶有黄色的琉璃瓦覆盖，是明代的制品。殿内正中设有砖台、须弥座，佛坛上有三尊大佛，中间是毗卢佛，两旁分别是阿难、迦叶，东西两旁塑有四位菩萨和两位护法大神。在殿内的梁上，悬塑着两位仕女倒身礼拜。殿内四壁绘满壁画，正中是观音菩萨，两旁为十大明王，共绘有儒、释、道三教人物800多位，体现了三教合一的思想，这些壁画色彩艳丽、画法纯熟，不仅是明代绘画中的精品，而且为研究民间对儒、释、道的信仰提供了重要的资料。

哼哈二将

哼哈二将也叫金刚，是明代小说《封神演义》的作者根据佛教守护寺庙的两位门神创作的两员神将。哼将的名字叫郑伦，鼻子中能哼出白气制敌；哈将的名字叫陈奇，口中能哈出黄气擒将。

琉璃瓦

"琉璃"是古印度语，随着佛教而传入中国，原来是指蓝色，现在也包括红、白、黑、黄、绿等颜色。施以各种颜色釉并在较高温度下烧成的上釉瓦被称为琉璃瓦。

观音菩萨

观音菩萨是"南无大慈大悲救苦救难广大灵感观世音菩萨摩诃萨"的简称，又叫做观世音菩萨、观自在菩萨、光世音菩萨等，是四大菩萨之一。观音菩萨经常手持净瓶杨柳，寓意大慈大悲，神通广大。

大禹治水

　　大禹治水是我国古代非常有名的神话传说。大禹名禹，是鲧的儿子，相传他出生于西羌，后被尧帝封为夏伯，所以又称为夏禹或者伯，是中国第一个王朝——夏朝的建立者。

　　在4000多年以前，我国的黄河流域经常发生水灾，于是尧帝命令鲧去治理黄河，后来鲧治水失败，他的儿子禹继承父业，继续治水，禹治水13年，耗尽了心血，最后终于治水成功，完成了一件名垂青史的伟业，后代人因此尊称他为大禹。民间有很多关于大禹治水的传说故事，最有名的是他三过家门而不入的故事。传说禹到了30岁还没有结婚，他在涂山遇到一个名叫女娇的姑娘，两人互生爱慕，便成了亲。禹在新婚的第四天便为了治水离开了家。他到处奔波，三次经过自己的家门，都没有进家看望。

　　大禹在治水的时候几乎走遍了中国，各地都留下了跟他有关的故事，据说大禹也曾经来过恒山，在恒山留下了不少传说。

鲧

　　鲧，姓姬，字熙。传说是黄帝的后代，颛顼的儿子，大禹的父亲。据说鲧死后尸体三年不腐烂，后来有人用刀剖开了他的尸体，这时禹就出来了，而鲧的尸体则化为黄龙飞走了。

大禹治水雕像

西羌

　　西羌是羌族的别支，夏商周三代以后居于河西、赐支河和湟河之间，后来逐渐与汉族融合。西羌部落繁多，大多以动物之名为号，如白马、牦牛、黄羊等，有一些以地名为号，还有一些则以父号为名。

涂山

　　涂山也叫当涂山，俗称东山，是古涂山国所在地，位于安徽省蚌埠市西郊，淮河东岸，与荆山隔河相峙。据说原来是一座山，大禹治水时把山一劈为二。

张　果　老

张果老木雕

张果老是传说中的八仙之一，据说他原名张果，因为年纪大，所以人称张果老，是一个家喻户晓的人物。恒山中有很多跟张果老有关的故事，传说张果老曾经在恒山修道，恒山的步云路上有张果老驴蹄印，会仙府有张果老塑像，恒山停车场有张果老的雕像。果老洞崖上篆刻有"果老仙迹"四个字，因为张果老的道号是"通元先生"，所以得名通元谷，是当年张果老炼丹的地方。恒山是道教的圣地，而张果老是道教文化的代表人物，因为有了张果老这样一位人物，恒山的道教文化也生动起来。因此，张果老被称为恒山的"形象大使"、恒山文化的封面人物。

张果老是传说中的仙人，也是真实的历史人物，根据史书记载，他是唐朝人，须眉如雪，老态龙钟，曾经确实在恒山修行悟道。张果老是一位亦真亦幻的人物，他倒骑毛驴的故事家喻户晓，据说张果老出入常骑着一匹白驴，而且喜欢倒骑，休息的时候，就把驴像纸一样叠起来，用水喷纸驴，它就又成了真驴，民间还有"张果老倒骑驴——往后看"的歇后语流传。

炼丹

炼丹是道教的一种道术，是炼制外丹与内丹的统称。外丹术是在丹炉中烧炼矿物来制造"仙丹"。后来将人体比作炉鼎来炼精气神，称为内丹术。

道号

道号有两层含义：一是泛指别称；二是指道士的名号或尊称，一般是师父或自己起的名号，也有信众或后人给他的尊号。道号大多带有本教派思想理念的色彩。

张果老与道情

道情是我国曲艺的一个类别，多以唱为主，以说为辅，有坐唱、站唱、单口、对口等表演形式。传说张果老云游四方传唱道情，劝化世人，于是，人们将张果老作为唱道情的祖师爷。

张果老

黑龙与苦甜井

　　相传，恒山在过去只有一眼苦井，唐代有一位叫做魏确的道士，在恒山修道数十年之久，因为道经精博，听他讲经的人很多，每天都座无虚席。在听课的众人中，有一个老人每天都不缺席。有一天讲经完毕，人们都走了，只有老人不走，魏确于是上前询问缘由。原来老人是恒山上的一条黑龙，在恒山上听道已经有数年了，为了表达他对魏确的谢意，老人想要为恒山尽自己的一份力。刚好这一年久旱不雨，魏道求助于黑龙，黑龙面露难色地说："降雨救民本来是我的职责，但是玉帝有禁令，违抗的人就会被杀，最轻的惩罚也会被囚于山底，永世不能超生。"魏确只好作罢。后来，魏确求救于张果老，果老于是作法降雨。玉帝听说以后，误以为是黑龙所为，便想杀了他，果老为其求情，玉帝最后把黑龙囚禁在井底。黑龙感恩果老，想到恒山只有一眼苦井，便主动囚于井底，将自己的口水吐出，供人饮用。天长日久，苦井旁受冲刷之力，形成了一眼水井，便是今日的"甜水井"了。

道士

　　道士是信奉道教教义并修习道术的教徒的通称。道士的称呼始于汉代，在道教典籍中，男道士称为乾道，女道士则相应地称为坤道。

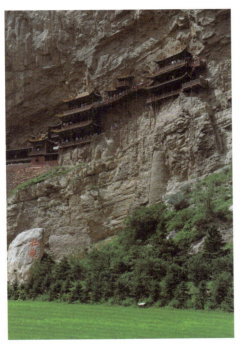

壮观的悬空寺

玉帝

　　玉帝也就是玉皇大帝，全称是"昊天金阙无上至尊自然妙有弥罗至真玉皇上帝"，又称"昊天通明宫玉皇大帝"、"玄穹高上玉皇大帝"。玉帝居住在玉清宫，在道教中神权最大。

超生

　　超生即转世，指一个人死亡后，其性格特点或灵魂在另一个肉体里重生。转世是印度教、佛教、道教、一些非洲宗教以及很多不同的宗教的主要信条。

黑龙与苦甜井

昭君热泪化温泉

　　恒山的汤头温泉流传着一个跟王昭君有关的美丽故事。传说在西汉的时候，恒山一线是汉朝和匈奴的分界线，王昭君与匈奴的呼韩邪单于和亲，路经恒山的时候，昭君见恒山峰峦秀丽，泉水清澈，林木葱茏，于是问侍女到了何处。当她听说是到了北岳恒山的时候，想到马上就要出塞了，一股思乡之情油然而生。尽管昭君是自愿和亲，但想到自己远离家乡，不知道何年何月才能够回来，于是她吩咐车队停了下来。昭君走下马车，对着山泉水久久凝视了一番自己的面容，洗了一把脸，便安详地坐在一块石头上弹起了琵琶。呼韩邪单于和随行的人都被美妙的琴声陶醉了，呼韩邪单于望着自己美丽的汉族妻子，亲自采了一束野花送给昭君，随行人员也都各自采了一束鲜花献给昭君，大家在泉边开怀痛饮了一番。昭君被感动得流下了眼泪。后来，在昭君流泪和呼韩邪单于饮酒的地方，就出现了一个温泉。这就是汤头温泉的由来。

匈奴

　　匈奴是古代居住在蒙古大漠、草原的一个游牧民族，匈奴在汉朝的时候逐渐强大，多次与中原地区发生战争，汉武帝的时候被彻底击败，退出漠南地区。

和亲铜像

和亲

和亲本来是指西汉为了缓和汉、匈关系，将皇室女子嫁给匈奴的单于。后来指封建君主为了免于战争与边疆异族统治者通婚和好。

单于

单于是匈奴人对他们部落联盟的首领的专称，意思是为广大之貌。单于始创于匈奴著名的冒顿单于的父亲头曼单于，之后这个称号一直继承下去，直到匈奴灭亡为止。

七兄妹化作山峰

秀色风光

　　传说在很久以前，恒山脚下住着七兄妹——六个哥哥和一个妹妹。他们父母早亡，靠种田度日，兄妹七个心地都很善良，经常帮助村里的人。有一天夜里，老大做梦梦见恒山神说，念他七兄妹心地善良，特地把恒山顶上的七颗宝珠送给他们，只要把宝珠放到斗里，便会要啥有啥。第二天，兄妹七人按照神的指点上恒山寻找，经过七天七夜，终于在山头上一棵悬根松的根下找到了。但是七兄妹为了让山下所有的穷人都有吃有喝，把宝珠摆成斗形，上面用斗盖住，埋在了恒山顶上，自此以后，山下果真年年五谷丰登。不料这个秘密被一个贪心的财主听到了，他偷偷地上山盗宝。当他往外挖的时候，七兄妹正好赶到。七兄妹一气之下，将财主扔下山沟，

然后将宝珠一人一个含在嘴里，立在峰头上不食而死。六个哥哥化作恒山的六座山峰，小妹妹化作翠屏峰，每座峰头上都镶有一颗宝珠。后来宝珠升天，化作了北斗七星，昼夜围着北岳旋转。

斗

斗本来是古代一种盛酒的器皿，形状很像一个长柄的大勺子，上部是勺子头，下部是勺子柄，后来变为一种量粮食的器具。

北斗星

北斗星又称北斗、北极星等，是指在天上排列成斗形的七颗亮星，即天枢、天璇、天玑、天权、玉衡、开阳和摇光。勺头两颗星叫"指极星"，指向北极星，可以帮助我们在夜间辨认方向。

七星峰

七星峰指的是恒山上的玄岳峰、紫微峰、飞石峰、香炉峰、翠屏峰、白云峰和玉华峰。这七座山峰的布局位置，组成了天上北斗七星的形状，因此被称作"七星峰"。

七兄妹化作山峰

孟姜女与“没泪驼峰”

在恒山南边的古长城上有一座关口叫西河口，西河口南面有座山叫王帽山，顺着王帽山可以看到许多起伏的群山，其中有一座拔地而起的高峰叫“没泪驼峰”，“没泪驼峰”有一个与孟姜女有关的传说。相传当年孟姜女为了探望丈夫范喜良，不远千里来到长城边上，可是一打听，丈夫早已经累死了，并被埋到了长城脚下。但是究竟埋在哪一段长城脚下，谁也记不清了。孟姜女于是沿

孟姜女哭长城处

着长城边走边哭，她哭到哪里，哪里的长城就随着倒塌下来。就这样一直走一直哭，走到了王帽山，这时候孟姜女走不动了，于是她便依着长城坐下来，顺便将鞋里塞的土倒在地上。谁想这一倒，那土堆却越变越高，不一会就变成了一坐顶天立地的高山，这座高山就是“没泪驼峰”。孟姜女看了看山，心想：看来我的诚心终于感动了老天。

100

于是她咬紧牙关继续走，当她走到浑源城东北的一座山峰时，再也走不动了，累死在了这里。人们为了纪念她，在此修建了一座孟姜女庙。

长城

在春秋战国时期，各国为了防御别国的入侵，修筑烽火台，并用城墙连接起来，形成了最早的长城，后来历朝都有修建。我们今天所看到的长城是明代修建的。

孟姜女哭长城

传说孟姜女是秦朝人，她的丈夫被征去修筑长城，劳累而死，被埋在了长城墙下。孟姜女在长城下痛哭，最后把长城哭倒了。孟姜女哭长城的故事是中国古代四大爱情传奇之一。

范喜良

范喜良是孟姜女的丈夫。关于他身世的说法有很多，比较被人认同的说法是他是秦朝苏州的一个书生。还有传说说他是"八仙"之一蓝采和的前身。

孟姜女与「没泪驼峰」

道　教

石刻

　　道教是发源于中国古代的一个传统宗教。大致来说，道教是信奉黄帝、老子之道，并以"道"为教，追求得道成仙、治道太平的中国传统的民族宗教。道教起源于汉魏两晋时期，它的形成是一个缓慢的发展过程。在东汉顺帝的时候，一个叫张道陵的人招徒传教，信道的人要出五斗米，所以称为五斗米道，后来它发展为道教正宗天师道。到了两晋南北朝时期，随着炼丹术的盛行，道教获得了很大的发展，同时也吸取了当时风行的玄学，丰富了道教的理论。东晋建武元年（317年），葛洪对战国以来的神仙家理论进行了系统的论述，创作了《抱朴子》，这是道教理论的第一次系统化论述，丰富了道教的思想内容。到了唐代，唐高祖李渊认老子李耳为祖先，老子和道教的盛行在唐代达到最高峰，此后道教也一直在不断发展。

道教以老子的《道德经》为主要经典，以"道"为最高信仰，认为"道"是宇宙万物的本原。道教是一个崇拜多神的宗教，像民间比较熟知的元始天尊、玉皇大帝、财神和八仙等，都是道教的神仙。

黄帝

黄帝是传说中中华民族的始祖，中国远古时期的部落联盟首领少典之子。他本姓公孙，因为居住在姬水，所以改姓姬，因为他有像黄土一样的品德，所以称为黄帝。

老子

老子即李耳，字聃，春秋时期的楚国人，是我国古代伟大的哲学家和思想家，道家学派的创始人，被武则天封为太上老君。在道教中老子被尊为道祖。

玄学

玄学是产生于魏晋时期的融合了道家和儒家的一种学说，是研究幽深玄远问题的学说，主要代表人物有何晏、王弼、阮籍、嵇康、向秀、郭象等。

旅游文化节

在1994年至1997年，浑源县政府和恒山管理局为了扩大恒山的影响，连续四年举办了"恒山节"。后来到了1999年，"恒山节"进行了升级，由山西省人民政府、大同市人民政府和浑源县人民政府共同举办了第一届"恒山旅游文化节"，邀请了北京电视台、山西电视台、大同电视台等十多家新闻媒体单位，省歌舞团、省老干部合唱团、市歌舞团、县表演团体的1000多名演职人员参加，影响巨大。2000年和2001年，浑源县人民政府相继又成功举办了第二届、第三届"中国北岳恒山旅游文化节"，使得北岳恒山知名度大幅提高。后来，这一节日就被固定下来了。

恒山旅游文化节一般在每年的8月18日至28日举办，节庆期间节目内容丰富多彩，不仅有大型的文艺演出，一般还会有恒山奇石展览、花车巡演、恒山风情摄影展览、名优土特产品展览等。恒山旅游文化节是恒山与国内外游客共同的盛会，积极推动着北岳恒山走出中国、走向世界。

山西

山西省位于太行山以西、黄河以东，它的得名就是因为在太行山以西，省会在太原市。山西的名胜古迹和历史人物众多，比较知名的有恒山、云冈石窟、五台山、平遥古城等。

悬空寺石刻

大同

　　大同是山西省的一个市，位于山西省北部大同盆地的中心、黄土高原的东北边缘。大同是山西省的第二大城市，有"中国雕塑之都"、"凤凰城"和"中国煤都"之称。

土特产

　　土特产是土产和特产的并称，是指某个地方特有的或者特别著名的产品，比如景德镇的瓷器、天津十八街麻花等，这些都属于土特产。

旅游文化节

恒山庙会

庙会上的人们

　　每年农历的四月初八，是恒山的传统庙会。据说四月初八本来是恒山九天宫的庙会，在这一天，本地和附近的人们，特别是年轻媳妇们，都会来九天宫求子烧香，同时也要到恒宗殿朝拜北岳大帝，久而久之，就形成了传统的恒山庙会。在庙会期间，浑源城和周边各地的商贩、艺人都会赶来。从浑源城到恒山庙的10公里的登山路两旁，摆满了各式各样的杂货摊，贩卖各种商品、食物和儿童玩具。说书的、唱戏的、打卦的、算命的、踢拳的，五花八门，应有尽有。从浑源城到恒山顶，山上山下，人山人海，水泄不通，非常热闹。

还有一种说法，说恒山庙会与佛教有关系，农历的四月初八是佛教里的浴佛节，是佛祖释迦牟尼诞生的日子。在这一天，寺庙之内要举行"浴佛法会"纪念释迦牟尼。恒山虽是道教的圣地，但北魏文成帝认为佛道同源同根，从那时起就开始在恒山举行"四月初八"庙会活动，来纪念释迦牟尼的诞辰。

庙会

　　庙会又叫"庙市"或"节场"，是指在寺庙附近聚会，进行祭神、娱乐和购物等活动。庙会是中国民间广为流传的一种传统的民俗活动。

浴佛节

　　浴佛节也叫佛诞节，据说佛祖释迦牟尼出生在农历的四月初八，他出生的时候，有天上的九龙吐出香水为他沐浴，所以后来的佛教信徒为了纪念他，就把这一天叫做浴佛节。

五月初一浑源神溪庙会

　　农历五月初一是神溪律吕神祠庙会，这是当地群众纪念神祠内水母娘娘的传统庙会。在这一天浑源城及周围的农民，特别是青年男女，都会巧妆艳服，到庙前集会。

恒山庙会

老 白 干

恒山老白干产于恒山脚下的浑源酒厂，是山西省的传统名酒，已经有将近500年的历史了。恒山上的泉水很多，有一处名叫"甘泉"的泉，泉水清澈透明，清香纯正，绵甜爽口，此酒就是用恒山甘泉水酿造的，所以叫"恒山老白干"。

浑源县酿酒的历史悠久，到底有多久？至今还没有准确的考证，但是在1923年浑源县曾经出土了一批春秋时代的酒器，1973年又出土了一批西汉的酒器。据记载，在清代的道光年间全县有酒坊40余家，到了光绪年间发展到了103家，当时民间有"吸水烟到兰州，喝烧酒浑源州"的民谚。这些材料都可以证明浑源县有着十分古老的酿酒历史，这就为"恒山老白干"的出世，提供了优越的条件。

恒山老白干属于清香型白酒，以当地优质的高粱为主料，谷糠为辅料，遵守自己独特的生产工艺，清蒸混烧，低温发酵，酒质晶莹透明，清香纯正，回甜甘爽。酒度分60度、40度两种规格，注册商标为"恒山"牌。

白干

关于"白干"的起源，来自于河北衡水。在明嘉靖年间，衡水县城最有名的酒坊德源涌的白酒被称赞为"真洁，好干"，命名为"老白干"酒。后来，"白干"就变为白酒的代称了。

酿酒作坊

清香型白酒

清香型白酒也叫汾香型，特点是清、正、甜、净、长，以山西汾酒、河南宝丰酒、河南龙兴酒、厦门高粱酒等为代表。

山西省的著名白酒

山西省是中国著名的出产白酒的地区之一，除了上面提到的恒山老白干之外，山西省比较有名的白酒还有山西汾酒、竹叶青酒、汾阳王酒等，山西白酒一般属于清香型白酒。

老白干

109

广灵豆腐干

恒

　　广灵县地处太行山北端、恒山东麓，隶属于山西大同市，是山西省东北部的一个县。广灵县是一个传统的农业县，出产的粮食作物有谷、黍、玉米、马铃薯和莜麦等，经济作物有葵花、胡麻、白麻、黄花等。广灵的"画眉驴"是中国五大优良驴种之一，大尾羊为山西省绵羊良种，广灵"五香瓜籽"闻名遐迩，还有广灵的剪纸艺术也十分有名……但是，在当地最有名的，要数广灵豆腐干。

　　在大同市，大多数县市都出产豆腐干，但广灵豆腐干却别具风味。广灵豆腐干至今已经有100年的生产历史，是用壶流河南岸的井水和上好的黄豆磨制而成，再经过模压、切块、晾晒、冲洗、汤煮五道工序制成的。广灵豆腐干的特点是咸香爽口，白里透黄，

豆腐干

硬中带韧，久放不坏。1981年，广灵豆腐干在山西省商业厅组织的副食品鉴定会上名列第一。广灵豆腐干有咸干和熏干两种。咸干又分为豆腐干和豆腐筋两种；熏干也有两种，一种是不经卤煮，切块后便用锯末烟熏，另一种是卤煮后再熏，品质风味更好，但产量不多。

莜麦

　　莜麦是燕麦的一种，原产于中国，华北称之为"油麦"，西北称之为"玉麦"，东北称之为"铃铛麦"。莜麦在禾谷类作物中蛋白质含量最高，含有人体必需的八种氨基酸。

剪纸

　　剪纸又叫刻纸，是中国汉族的一种古老的传统艺术，是用剪刀将纸张剪成各种各样的图案。除了纸张，它的载体还可以是树皮、树叶、布、皮、革等各种片状的材料。

熏

　　熏是一种烹调方法，做法是将熟的食物放入蒸笼，锅底撒糖或其他食用香料，密封加热，使其炭化生烟，吸附在被熏物的表面，来增加食物的特殊味道并延长保存时间。

浑源凉粉

　　凉粉是汉族的传统食品，一般是用红薯粉、绿豆粉、土豆粉、面粉等做成的，做法是将粉加水搅拌成糊状，把水烧开，然后把稀糊倒进开水里搅拌成透明状，放凉，再放入冰箱里冷冻大约两个小时，就差不多好了。凉粉在我国的各地都有，各地的做法不太一样，比较有名的有四川川北凉粉、青岛凉粉、山西凉粉等，而浑源凉粉就是山西凉粉的代表。

　　凉粉要做到美味，粉要筋。浑源由于水质好，所以打出的粉都相当筋道。浑源凉粉是用土豆淀粉加工成的，这也是浑源凉粉特别筋道的另一个原因。浑源凉粉的特别之处在于它的配料，其特有的莲花豆、豆腐干和辣椒油妙不可言。莲花豆香酥可口，豆腐干嚼得过瘾，而辣椒油则口感香辣。不同于其他辣椒的干辣，这辣椒是相当有学问的，各家都有各家制作的秘方，浑源的小贩做出的辣椒不夸张地说，干吃都可以，一勺辣椒籽放进嘴里，那种香辣的感觉会让你把什么烦恼都忘掉。

红薯

　　红薯也就是我们通常所说的地瓜，又叫番薯、甘薯、山芋、白薯、甜薯等，属于一年生草本植物，叶子生长在地上，食用的部分是红薯的根。

浑源凉粉

川北凉粉

　　川北凉粉在清朝末年创立于四川南充，创始人叫做谢天禄。川北凉粉是采用豌豆制作成的，特点是红辣味醇、鲜香爽口，有浓郁的川味风格，川北凉粉现在已经成了闻名全国的小吃。

青岛凉粉

　　青岛凉粉是青岛独有的以海菜、石花菜、鹿角菜反复暴晒而后加水熬制成的凉粉，可以降血压、降血糖，是一种健康小食品，也有人说青岛凉粉还能吸收人体内的铅、汞等有害元素。

蚕　　豆

　　蚕豆又被称为胡豆、佛豆、川豆、倭豆、罗汉豆，相传是西汉张骞出使西域的时候引入中国的，因为在古代人们把中原以外的少数民族居住的地方称作胡地，所以它被人们称为胡豆。蚕豆含有8种人体必需的氨基酸，营养价值丰富，可食用，也可以制作酱、酱油、粉丝、粉皮，还可作饲料、绿肥等。

　　蚕豆作为食物有许多制法，可磨面食用，还可油炸、干炒。在恒山，有这样一种说法，说北岳恒山有三宝：黄芪、蚕豆、灵芝草。恒山的蚕豆盛产于浑源东南山区一带，含有丰富的蛋白质等，

蚕豆

是一种营养丰富的绿色食品。浑源蚕豆的吃法多种多样，而最有名的要数"浑源莲花豆"了。莲花豆指的就是油炸蚕豆，因为在制作的时候要先用小刀将蚕豆一端十字划裂，再把蚕豆油炸，这样炸熟的蚕豆个个十字纹爆裂，皮黄肉白，酷似一朵朵活生生绽开的小莲花，所以叫做莲花豆。浑源莲花豆采用科学配方和草药浸泡，口感更脆，色泽更美，让人回味无穷。

张骞

张骞是汉代著名的外交家，他开辟了一条以西安为起点，经甘肃、新疆，到中亚、西亚，联结地中海各国的陆上通道，因为这条路的货物中以丝绸制品的影响最大，故名丝绸之路。

西域

汉代以来将今天的玉门关、阳关以西的地区统称为西域，在丝绸之路的影响下，西域被特指汉、唐两代中国管辖的今天新疆的大部分及中亚部分地区，是丝绸之路的重要组成部分。

氨基酸

氨基酸是含有氨基和羧基的一类有机化合物的通称，是构成蛋白质的基本单位，蛋白质是生物体内重要的活性分子，没有蛋白质就没有生命。

蚕
豆

荞麦圪坨

　　圪坨是陕北语，关中称为麻食、猴耳朵，在山西又叫做猫耳朵，是用荞麦做成的一种小吃。荞麦是一种粮食，它的种子是三角形的，被一个硬壳包裹，去壳后磨面食用。荞麦是人们的主要粮食之一，在古代由中国经朝鲜传入日本，现在荞麦及荞麦面条在日本十分流行，因为含有丰富的营养和特殊的健康成分颇受推崇，被誉为健康食品。荞麦的生长期短，可以在贫瘠的土壤中生长，不需要过多的养分，下种晚，在比较凉爽的气候下开花。山西大同市很适合种植荞麦，荞麦经过加工磨制后，成为荞面，荞面的吃法有很多种，可以擀面条、做烙饼、捏圪坨，其中以捏圪坨最为讲究。捏圪坨又叫捏猫耳朵，做法是先把荞面加水活成面团，然后把面团擀平，切后搓成拇指大小的小条，再捏成耳朵状。把圪坨煮熟以后，再浇上鸡蛋、豆腐皮、金针菇、木耳的素卤汁，或者浇羊肉臊子、猪肉臊子的荤卤汁，蘸而食之，味香可口，别具一格。

关中

　　关中指的是陕西省渭河流域一带，有渭河平原、关中平原等称呼，它的北部为陕北黄土高原，向南则是陕南盆地、秦巴山脉，为陕西的工农业发达地区，号称"八百里秦川"。

荞麦花

卤汁

卤汁又称老汤，是指用多年的卤所煮的禽、肉的汤汁，老汤保存的时间越长，芳香物质越丰富，香味越浓，煮出的肉食风味越美。这种卤汁又称作荤卤汁，还有用素食制作的素卤汁。

臊子

臊子就是把肉切成丁，然后加上各种调料、辣椒面炒制而成的一种食物，是陕西人的一种叫法，一般在吃面条的时候把它浇到面条上，就成了著名的陕西小吃臊子面了。

煤炭资源

煤矿

　　山西省是我国著名的富含煤炭资源的大省，这其中指的就是大同煤田。大同煤田位于山西省北部，跨大同、怀仁、山阴、左云、右玉等五市县，平面呈椭圆形，面积1828平方千米，主要出产优质动力煤，是中国目前最大的煤炭生产企业大同矿务局的所在地。有关大同煤的开发，历史悠久，最早见于北魏时期郦道元所著的《水经注》中，明清时代的大同已经是煤窑林立，有一定的开采规模。到了近代，1898年，山西巡抚将大同煤田的开采权卖给了意大利人创办的英商福公司；1907年，清政府成立了保晋公司，对大同煤田进行开采……新中国成立后，对大同煤田进行了大规模有组织的考察和开发，大同煤田才开始得到系统的开发。

　　大同煤田煤炭资源量约42亿吨，煤炭探明储量达35亿吨，近年来，我国北方每年所需要的煤炭大部分是来自大同煤田。大同市坐落在大同煤田的东北部，其煤炭资源属于大同煤田的一部分，境内含煤面积632平方公里，累计探明储量376亿吨。

郦道元

　　郦道元是我国古代北魏的地理学家、散文家，河北涿州人，他的代表作《水经注》既是一部内容丰富多彩的地理著作，也是一部优美的山水散文汇集。

煤雕

　　煤雕是我国独一无二的工艺美术品，其历史可以追溯到六七千年以前，我国第一部神话、地理专著《山海经》把煤雕原料称为"涅石"。

大同煤雕

　　大同煤雕以大同煤层深处德树化石为原料，图案以地方文化为题材，有云冈大佛、悬空寺、应县木塔、九龙壁等造型，作品纹理清晰，石质细腻，是煤雕中的精品。

正 北 芪

　　北岳恒山有三宝：黄芪、蚕豆、灵芝草，正北芪就是这里所指的黄芪了。黄芪的根是一种中药材，黄芪的药用迄今已有2000多年的历史，最早记载于《神农本草经》，记作黄耆，有增强机体免疫功能、保肝、利尿、抗衰老、抗应激、降压和较广泛的抗菌作用。

　　正北芪，又称恒山黄芪或者浑源黄芪，产于中国北岳恒山，历史悠久，早在清朝，就以名贵特产进贡给朝廷。黄芪有内蒙黄芪和膜荚黄芪两种，以内蒙黄芪品质更好，而恒山上的正北芪正是内蒙黄芪。恒山因为特殊的自然环境和地质条件尤其适宜黄芪的生

黄芪

长，主要在恒山山脉海拔1500～2000米的半阳坡、阳坡地带，这里的土壤疏松肥沃，通风透光好，无环境污染源。由于气候寒冷，生产缓慢，正北芪一般生长六七年才能采刨、加工、运用。特殊的地理和生长环境使这里产出的黄芪条直、皮白、芯黄，被中医界推崇为传统地道黄芪，浑源县也被人们称作中国的黄芪之乡。

《神农本草经》

《神农本草经》简称《本草经》或《本经》，是中国现存最早的药物学专著，成书于东汉，是秦汉时期众多医学家总结、搜集、整理当时药物学经验成果的专著，是对中国中草药的第一次系统总结。

中医

中医是中国的传统医学，也称为汉医。中医产生于原始社会，春秋战国时期中医理论已经基本形成，中医的治疗手段有中药、针灸、推拿、按摩、拔罐、气功、食疗等多种。

中药

中药是中国传统中医特有药物，按加工工艺分为中成药、中药材。中药主要起源于中国，除了植物药以外，还有像蛇胆、熊胆、鹿茸等动物药和一些矿物药。

正北芪

北 芪 菇

北芪菇是山西省农科院食用菌研究所培育的一种新型蘑菇，它是根据浑源县特殊的地理气候优势，依据传统中医药"药食同源"的理论，采用恒山出产的正北芪和多种中草药及农作物副产品等作为培养料而培育出来的。北芪菇营养丰富、美味可口，含有人体必需的十八种氨基酸、多糖和抗癌元素——硒和多种微量元素，它的高蛋白、低脂肪、维生素和矿物元素等都是人体良好的营养源，具有极高的药用价值，有抗肿瘤的多糖蛋白，有抗菌作用的抗生素，有降低血压、防治脑血管障碍的微量牛黄酸，还有有利于胃肠作用的菌糖、甘露糖和帮助消化的各种酶等。

北芪菇尤其对于治疗牛皮癣有神奇的疗效，20世纪90年代一位有28年牛皮癣病史的患者在食用了3斤（一斤为500克）北芪菇之后，奇迹般地彻底治愈，后来这一奇特疗效在千余例同类病患者身上得到了强有力的证实，在1992年和1993年，《光明日报》两次对此作了详细的报道。

药食同源

药食同源是中医的一种理论，意思是许多食物也是药物。在原始社会，人们在寻找食物的过程中认识到许多食物可以药用，许多药物也可以食用，这就是"药食同源"理论的基础。

北芪

硒

硒是一种化学元素，是一种非金属，符号是Se，它同时也是动物体必需的营养元素，被医药界和营养学界尊称为"生命的火种"，它决定了生命的存在。

北芪菇的颜色

北芪菇因生产季节、出菇环境、烘干时的温度不同而颜色不同。春季、秋季由于气温偏低，生产出的菇色黑、肉厚。夏季由于气温高，生产出的菇色白、肉薄。

北芪菇

历代帝王封禅之地

恒

封的意思是"祭天"，禅为"祭地"，封禅是指中国古代帝王在太平盛世或天降祥瑞的时候祭祀天地的大型典礼。远古时代就已经有了封禅的传说。在古代帝王的眼里，五岳一直被视为江山的象征，所以对五岳的祭祀一直很重视，作为五岳之一的恒山当然也得到了历代帝王的多次祭祀。早在公元前1000多年前，西周的周成王就曾经巡狩到北岳，秦始皇也曾经到过恒山。汉武帝在天汉三年（前98年）春三月曾经亲临恒山进行祭祀，并将恒山第一次封为神；唐朝开元元年（760年）封北岳为安天王；宋大中祥符四年（1011年）加封北岳为安天王圣帝；元世祖忽必烈统一天下后，又将北岳加封为安天王真元圣帝……

人文景观

历朝祭祀北岳有两处地方：一处在浑源境内的天峰岭，一处在河北省曲阳北岳庙。祭祀五岳最初祭祀的是山，所以一般在天峰岭祭祀；后来变成了祭庙，唐太宗李世民把北岳祭祀的地点改到了河北曲阳北岳庙，清朝的顺治皇帝又改回了天峰岭。从此以后，北岳祭祀就一直在浑源了。

五岳

　　五岳是中国五大名山的总称，包括东岳泰山（位于山东）、西岳华山（位于陕西）、北岳恒山（位于山西）、中岳嵩山（位于河南）、南岳衡山（位于湖南），其中泰山是五岳之首。

秦始皇

　　秦始皇名嬴政，建立了中国第一个统一中央集权的政权秦朝，对中国和世界的历史产生了深远的影响。秦始皇是中国历史上第一个使用"皇帝"称号的君主，自称为"始皇帝"。

汉武帝

　　汉武帝，名刘彻，是汉朝的第七位皇帝。汉武帝开创了西汉王朝最鼎盛繁荣的时期，使汉朝成为当时世界上最强大的国家，他也因此成为中国历史上伟大的皇帝之一。

文学作品中的恒山

恒山风光

　　恒山以它优美的自然景色和丰富的人文景观，从古到今吸引着众多游人来到这里，一睹恒山的"芳容"。历史上，秦皇、汉武、唐宗、宋祖，都曾经到恒山巡视、祭奠。除了这些帝王，历代的名人、学士，诸如李白、贾岛、元好问、徐霞客等人也都游览过恒山胜地，并留下吟咏恒山的诗章。唐朝诗人贾岛曾经来到恒山游览，留下了许多优美的诗篇，其中有一首《北岳庙》：

　　　　天地有五岳，恒岳居其北。

　　　　岩峦叠万重，诡怪浩难测。

　　　　人来不敢入，祠宇白日黑。

　　　　有时起霖雨，一洒天地德。

　　　　神兮安在哉？永康我王国。

　　元朝的大诗人元好问也来到恒山，留下一首《登恒山》：

大茂维岳古帝孙，太朴未散真巧存。

乾坤自有灵境在，奠位岂合他山尊。

椒原旌旗白日跃，山界楼观苍烟屯。

谁能借我两黄鹄，长袖一拂元都门。

　　明末清初的思想家顾炎武写过一篇非常有名的《北岳辩》，在这篇文章里，顾先生将有关恒山的记载进行归纳整理，用史实证明了恒山的地名由来已久。

元好问

　　元好问，字裕之，号遗山，太原人，是我国金末元初最有成就的作家和历史学家，文坛盟主，被尊为"北方文雄"、"一代文宗"。他的诗、文、词、曲成就都很高。

徐霞客

　　徐霞客，名弘祖，字振之，号霞客，明朝人，江苏江阴市人，是我国古代伟大的地理学家、旅行家和探险家，他游历了大半个中国，并写下《徐霞客游记》，记录当地的风土人情。

顾炎武

　　顾炎武，本名继坤，改名绛，字忠清，明朝灭亡后改名炎武，字宁人，江苏人。著名思想家、史学家、语言学家，与黄宗羲、王夫之并称为明末清初三大儒。

图书在版编目（CIP）数据

恒山／宋维红编著. —— 长春：吉林出版集团股份有限公司，2013.1
（中华美好山川）
ISBN 978-7-5534-1387-7

Ⅰ．①恒… Ⅱ．①宋… Ⅲ．①恒山-介绍 Ⅳ.①K928.3

中国版本图书馆CIP数据核字(2012)第316553号

恒山

HENG SHAN

编　　著　宋维红
策　　划　刘　野
责任编辑　祖　航　李　娇
封面设计　隋　超
开　　本　680mm×940mm　1/16
字　　数　42千
印　　张　8
版　　次　2013年1月第1版
印　　次　2018年5月第3次印刷

出　　版　吉林出版集团股份有限公司
发　　行　吉林出版集团股份有限公司
地　　址　长春市人民大街4646号
　　　　　邮编：130021
电　　话　总编办：0431-85618719
　　　　　发行科：0431-85618720
邮　　箱　SXWH00110@163.com
印　　刷　湖北金海印务有限公司

书　　号　ISBN 978-7-5534-1387-7
定　　价　25.80元